U0058613

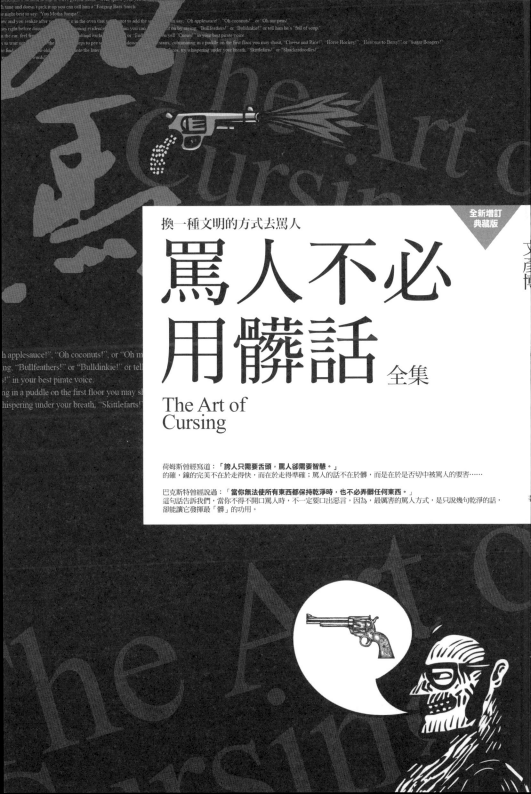

換一種文明的方式去罵人

全新增訂
典藏版

罵人不必用髒話

全集

The Art of Cursing

荷姆斯曾經寫道:「誇人只需要舌頭,罵人卻需要智慧。」
的確,鐘的完美不在於走得快,而在於走得準確;罵人的話不在於髒,而是在於是否切中被罵人的要害……

巴克斯特曾經說過:「當你無法使所有東西都保持乾淨時,也不必弄髒任何東西。」
這句話告訴我們,當你不得不開口罵人時,不一定要口出惡言,因為,最厲害的罵人方式,是只說幾句乾淨的話,
卻能讓它發揮最「髒」的功用。

用舌頭代替拳頭的說話智慧

出·版·序

想贏得人心，必須把舌頭的功能用在正確的地方，在生活的拳擊比賽中，聰明的人懂用舌頭代替拳頭，機智靈活地跨出攻擊的步伐。

· 文彥博

蘇聯有句諺語這麼說：「該用舌頭的地方，用拳頭並不能解決問題。」

確實，說話辦事必須講究謀略和技巧，千萬不要直來直往，動輒發飆並不能解決問題。日常生活中我們不難見到，所有做出蠢事的人，都是在拳頭跑得比舌頭快的時候產生的，因此，做任何決定之前必須牢牢切記，許多事是舌頭可以巧妙解決的，又何必非得動用拳頭呢？

凡提在鬧區租房子開理髮店，生意很興旺，從早到晚，忙得連吃飯也沒時間。

房東見他賺了很多錢，眼紅得想揩油。

房東終於想到辦法——每次去理髮都不給錢，理由是：「要不是我租房子給你，你能賺這麼多錢嗎？」

房東一個月剃一次頭，凡提倒也無所謂，問題是他每天還要來刮鬍子，搞得凡提很傷腦筋。這天，見房東又來了，凡提想好了懲罰他的主意，邊刮鬍子邊問：

「房東，眉毛要不要？」

「廢話，當然要！」

凡提連忙用剃刀嗖嗖幾下，就把房東的兩道濃眉剃下來了，譏諷地說：「要，就給你吧。」

房東啞巴吃黃連，有口難言。

自此，房東再也不敢來了。

凡提運用語意雙關的辯術，除去了一大煩惱。

但這個方法太過針鋒相對，必須到了真的無計可施時才用。因為，在錯綜複雜的社會中，給別人留些餘地，等於給自己預留轉寰的空間，千萬不要一下子就

把別人和自己都逼到牆角，以下的方式就比較溫和一點。

一天上午，紐約某雜誌編輯部來了位作者，遞上自己的新作。編輯閱讀了作品後，問：「這篇小說是你自己寫的嗎？」

作者很認真的說：「當然是我自己寫的。我構思了一個多月，整整寫了兩天才完稿呢！」還不由得感歎道：「唉，寫作真苦！」

編輯於是感慨說：「啊，偉大的契訶夫先生，您什麼時候復活了啊！」暗喻他抄襲契訶夫的作品。

作者一聽立刻兩腳抹油，溜了。

編輯不明說「你抄襲了契訶夫的作品」，而是用「契訶夫復活」來狠狠鞭撻這位「文抄公」的惡劣行徑，挖苦的功力也算練到了爐火純青的地步。

記住，可以用舌頭解決的問題，千萬不要用拳頭，可以用腦力解決的問題，千萬不要用武力。

舌頭的妙用無窮，要是不小心犯了錯、闖了禍，同樣可以透過巧妙的說話方

式替自己解圍。

中國古代有位宰相，去理髮鋪修臉。理髮師把他的臉修到一半時，停下手中的剃刀，兩眼定定地看著他的肚子。宰相見他傻愣著，於是問：「你不修臉，卻光顧著看我的肚皮，這是為什麼呀？」

理髮師這才回過神來說：「人們常說，宰相肚裡可撐船，我看您大人的肚子並不大，怎麼能撐船呢？」

宰相聽了大笑，說道：「那是說宰相的氣量大，對一些小事能夠加以容忍，不會太計較。」

理髮師聽他這麼一說，「撲通」一聲跪地，哭著說：「小的該死！方才修臉時，不小心將您的眉毛給剃掉了。您大人大量，就饒恕小的這一回吧！」

宰相舉手一摸，眉毛真的沒了，正要大發雷霆時，轉念一想：「自己剛才還講宰相氣量最大，又怎能為這點兒小事將他治罪呢？」於是，只好寬容地說：「不妨，去把筆拿來，把刮去的眉毛畫上去算了。」

理髮師自知闖下了大禍，於是出這個點子，引出宰相的一席話，然後緊緊抓住「氣量大，能容忍，不計較」這些話柄，運用高超的說話技巧，終於化險為夷，說明了舌頭的威力不容小覷。

義大利有句諺語說：「舌頭雖小，卻可以拯救一座城市。」

如果你想讓別人走向自己設定的方向，就必須把舌頭的功能用在正確的地方，用高明的談話技巧牽著對方的鼻子走。

遇到難纏的人或難解的事，用不堪入耳的字眼問候別人的祖宗八代，並不能解決問題；動不動就生氣動怒、口出惡言，甚至拳腳相向，也只會讓事情愈加難以收拾。說話辦事最忌滿口髒話，最忌心浮氣躁，因為，如此一來只會暴露出自己的「理虧辭窮」，根本無法讓對方照著自己的意思去做。

在生活的拳擊比賽中，聰明的人懂用舌頭代替拳頭，機智靈活地跨出攻擊的步伐。本書要告訴讀者的，就是說話辦事之時必須具備的一些智慧。

本書《罵人不必用髒話全集》是作者舊作《罵人不必用髒話》與《用舌頭代替拳頭》的全新增修合集，除了針對內容進行刪修之外，另外也增加了十篇新稿，謹此說明。

【PART1】
面對揶揄，要懂得適時反擊

受到排擠嘲弄的時候，必須先冷靜下來，找出自己受到排擠嘲弄的原因，然後從容地對別人的揶揄進行反擊。

略施小計，就能達成罵人的目的　　022

頭腦清醒，才能從容應付挑釁　　025

以眼還眼，才能糾正對方的偏見　　028

用「事實」回敬對方的羞辱　　031

面對揶揄，要懂得適時反擊　　034

遭到譏諷，不妨反守為攻　　037

和小人過招，不一定要爭吵　　040

千萬別當睜著眼睛的瞎子　　043

氣定神閒面對別人的挑撥離間　　046

[PART2]
用風趣的方式表達罵人的意思

幽默的效用在於能立時改變氣氛，即便有些幽默話語暗藏諷刺，但也因說話的人表達方式風趣，令被譏笑的人無言可應。

用幽默談吐為生活添加色彩　　　　　　　　*050*

把握尺度，善用幽默元素　　　　　　　　　*053*

精通幽默竅門，緩和緊張氣氛　　　　　　　*056*

用風趣的方式表達罵人的意思　　　　　　　*059*

發揮幽默感，和緩對立局面　　　　　　　　*062*

曲解「真意」，製造幽默涵義　　　　　　　*065*

用巧妙的方式讓對方省悟　　　　　　　　　*068*

針鋒相對，是為了替自己製造機會　　　　　*071*

加點「佐料」，更能發揮功效　　　　　　　*074*

［PART3］ 照著對方的思路加以諷刺

如果你厭煩了那種虛張聲勢的行為模式，不妨找個適當機會，發揮「罵人不帶髒字」的智慧回敬一番。

照著對方的思路加以諷刺　078

讓對方身歷其境，就能化解窘境　081

把嘲諷說得像奉承　085

如何讓吝嗇鬼吃悶虧？　088

接受實話，才不會淪為笑話　091

融會貫通才能活學活用　094

懂得批評的藝術，才不會讓人發怒　097

有技巧的批評才能發揮效用　101

如何打發光說不練的「夢想家」？　104

［PART4］ 別讓幽默變得尖酸刻薄

尖刻的幽默很容易趨於殘忍，譏諷、攻擊、責怪他人的幽默，雖能引人發笑，卻常常會產生意想不到的嚴重後果，使本來融洽的關係產生隔閡。

何必用髒話宣洩自己的情緒？　　　　　108

用趣味的方式改變對方的態度　　　　　112

不要讓幽默造成反效果　　　　　　　　115

別讓幽默變得尖酸刻薄　　　　　　　　119

用同理心動搖別人的心　　　　　　　　122

消除對方的「心結石」　　　　　　　　125

適合自己的，就是最好的　　　　　　　128

不能開罵，就試著說好話　　　　　　　132

如何應付難纏的小人　　　　　　　　　135

[PART5]

想前進一尺，有時必須先後退一步

日本作家扇谷正造說：「世界上最聰明的人，就是懂得使用聰明人的人，使世界上的知識為自己所用。」

用「誇獎的好話」開罵　　　　　　140

把對方罵得無言以對　　　　　　　143

我就是要用錢罵死你！　　　　　　147

你可以用現金謝謝我！　　　　　　151

說話藝術是人際潤滑劑　　　　　　154

想前進一尺，有時必須先後退一步　157

待人處世要多用「寬」字　　　　　161

用幽默感化解生活危機　　　　　　164

［PART6］

借力使力，最能讓對方漏氣

現代人一逮到機會就批評、中傷競爭對手，
遇到這種見不得別人好的小人，不妨學學借力
使力的罵人藝術，讓對方漏漏氣。

尋找皆大歡喜的結局 170

輕鬆戰勝身邊的小人 173

借力使力，最能讓對方漏氣 177

稱讚是致勝的秘密武器 181

面對刁難，要正面迎戰 184

過度吹噓，只會招來反唇相譏 187

當你遇到愛獻寶的「暴露狂」 190

壓制對方的氣焰，就能扳回顏面 193

讓對方面紅耳赤又無法駁斥 196

[PART7]

把晦氣變成生活的調劑

壞心情的確令人困擾，當別人不小心得罪你的時候，你不妨試著幽他一默，順便也幽自己一默吧！

把晦氣變成生活的調劑　200

說完真話，要懂得適時裝傻　203

老實說出自己的企圖　206

用幽默的心情面對不如意的事情　209

適時的幽默可以躲過災禍　212

靈活運用身邊的資源　215

不要剝奪自己歡笑的權利　218

換個讓自己舒服的想法　221

[PART8]

說話的態度左右你的前途

如果彼此有不同意見，只需讓他們知道自己的看法就行了，不必和他們激烈爭論，辯得臉紅脖子粗。

「睜眼說瞎話」可以化解尷尬　　226

學會用感性戰勝理性　　229

有了批評，你更能勇往直前　　232

學習重複別人的話　　236

責備，是最愚蠢的行為　　239

拍拍馬屁，才會討人歡喜　　242

別以為自己沒有「說錯話」　　246

掌握致命武器進行攻擊　　249

說話的態度左右你的前途　　253

幽默是緩和的良方　　257

[PART9] 說話，不要太過情緒化

說話的效果是人際關係的基礎，說話的效果代表各式各樣的人際關係。因為人與人之間的遠近親疏都可以從這些「效果」中呈現出來。

用正面的激勵達成自己的目的 262

在背後讚美是最高段的恭維 265

用舌頭塑造自己的形象 268

如何用妙語讓自己脫離窘境 271

多傾聽下屬心裡在想什麼？ 274

不要曝露自己的秘密武器 278

從說話態度推測一個人的性格 281

說話，不要太過情緒化 285

別人為什麼把你的話當成耳邊風？ 288

[PART 10]

如何套出別人的真心話？

想了解初次見面的人言詞是否真實，或是他對交談話題的關心程度，可以用壓迫性交談的手法，故意與對方唱反調，是最常用的一種方法。

善用誇獎，自能如願以償　　　　　　　　294

你懂得傾聽別人說話嗎？　　　　　　　　298

如何套出別人的真心話？　　　　　　　　302

說話的時候，要看緊自己的舌頭　　　　　305

誘使對方朝著你的方向走　　　　　　　　308

反唇相譏只會傷害彼此的關係　　　　　　311

如何讓自己「出口成章」　　　　　　　　315

注意談話的十點忌諱　　　　　　　　　　320

〔PART 11〕
站在對方的立場來說服對方

如果從一開始就強調自己的立場，彼此間的鴻溝就會越來越深，當對方有了對抗的心理狀態時，你是絕對無法說服他的。

衷心的恭維才能贏得人心　324

站在對方的立場來說服對方　327

讚美不是阿諛諂媚　331

如何讓恭維恰到好處　335

你的話為何「有點冷」？　339

如何讓別人打開話匣子？　342

不聽忠告，等於緊勒自己的脖子　346

從別人感興趣的話題開始談起　350

不要在背後批評別人　353

〔PART 12〕

懂得說話，便是成功了一半

沒有人會認為，一個穿著整潔卻言語粗俗無禮的人，會是個有風度的人；即使一個人沒有西裝革履，如果談吐不俗，也必定會讓人刮目相看。

該說謊的時候還是得說　　　　　　　　　*358*

別讓長篇大論突顯自己的愚蠢　　　　　　*361*

說話是一門重要的必修課　　　　　　　　*364*

懂得說話，便是成功了一半　　　　　　　*367*

掌握說話應有的分寸　　　　　　　　　　*370*

如何讓自己的「語言」動聽？　　　　　　*373*

如何聽出別人在想什麼？　　　　　　　　*376*

如何用眼睛「聽」別人說話？　　　　　　*380*

01

面對揶揄，
要懂得適時反擊

受到排擠嘲弄的時候，必須先冷靜下來，
找出自己受到排擠嘲弄的原因，
然後從容地對別人的揶揄進行反擊。

略施小計，就能達成罵人的目的

「罵人不帶髒字」的說話方式，可以說是聰明人的回馬槍，往往能一針見血，讓對方看清自己的嘴臉。

作家傅曼曾說：「雖然沒有指名道姓，但是每個人卻都知道你在罵誰，這是罵人必須具備的厚黑智慧。」

的確，指著別人的鼻子劈頭就一頓臭罵，遠遠比不上被罵的人明明知道你在罵他，但卻不能出言反駁，因為，只要他一反駁，就立刻陷入你設置的「對號入座」陷阱。最高明的罵人方式就是不帶任何髒字，但所說的話卻比髒話還要刻毒。

想到達這個境界，關鍵就在於是否懂得罵人的藝術。

一個成熟有智慧的人，遇到凡事想佔人便宜的人，不會動不動就「據理力

爭」，搬出一大套道理試圖讓對手臣服，而會先退讓一步，然後用機智幽默的言行，讓對方認清自己的謬誤。

太尉想畫一張自己的肖像，便把城裡最好的畫家請過來。畫家列了張清單，告訴他畫一幅畫需要多少顏料，買顏料需要多少銀子時，太尉面露不悅之色，二話不說就把畫家趕了出去。

沒多久，太尉又召來另外一名畫家，這名畫家知道太尉視錢如命，不願意出太高的價錢，便稟告太尉說：「我給您畫像，用的是最省錢的方法，只需要白紙一張、毛筆一枝、墨水一瓶，就綽綽有餘了。」

太尉一聽到省錢的法子，眼睛立刻亮了起來，直問畫家打算把他畫成什麼樣子。畫家說：「不就是您現在這個樣子嗎？黑紗帽，黑袍子，黑腰帶，黑靴子，然後，在您旁邊畫一個伺候您的黑童子。」

「聽來不錯，但是我的臉，你想要把它畫成什麼顏色？」

「我會畫一張黑色的桌子，您正斜坐在桌旁，手撐著頭俯在桌子上。」

「這怎麼行？」太尉說：「人最要緊的就是臉面，如果我低著頭，別人怎麼

看得見我的臉？」

豈知，畫家竟然大著膽子，笑瞇瞇地說：「依我看，您這副奇齒的嘴臉，還是不要見人比較好！」

遇到煩人的人或不如己意的事，不必動輒破口大罵，也不必試圖「曉以大義」，有時只要略施小計，就能達成自己的目的。「罵人不帶髒字」的說話方式，是聰明人的回馬槍，往往能一槍刺中要害，讓對方徹底看清自己的嘴臉。

針鋒相對並不是最好的策略，「據理力爭」有時也只是浪費口水，當你忍無可忍，不得不開口罵人的時候，不一定要口出惡言，只要順著對方的意思，淡淡地說幾句話，就能發揮「罵人不帶髒字」的功用。

杜柏曾經寫道：「最高明的罵人方式，就是被罵的人，不僅不會動怒生氣，而且還高興地以為他的人是在讚美他。」

其實，想要罵人，並不一定動不動就用不堪入耳的字眼問候別人的祖宗八代，有時候用「讚美」的方式進行反諷，讓對方樂陶陶地從雲端摔下來，要比用髒話開罵更能達到損人罵人的效果。

Curse without dirty language
025

頭腦清醒，才能從容應付挑釁

唯有頭腦清醒的人，才能在驚濤駭浪中鎮定地駕馭船隻，面對不速之客挑釁的時候，從容地運用機智，化解自己的尷尬。

活在這個紛紛擾擾的社會，難免會遇上麻煩，難免遇到有心人故意找碴。這時，硬和對方計較，就會淪為潑婦罵街；置之不理，對方可能得寸進尺，讓人難以嚥下那口鳥氣。最好的方法，就是軟硬兼施地露一手絕活，讓對方自討沒趣。

民國初年，大軍閥張作霖雄踞東北時，曾經發生過一件「臉厚手黑」的趣事，讓人對他機智留下深刻印象。

有一次，兩個日本浪人知道張作霖是個響馬出身的大老粗，故意前來大帥府

邸求見，進門後不懷好意地對張作霖說：「聽說大帥您精於書法，能不能請您賜字，讓我們留作紀念？」

張作霖雖然是個草包，但畢竟見過大風大浪，面對兩個來意不善的日本浪人，表現相當沉著，二話不說立刻提筆一揮，寫了個頗具氣勢的「虎」字，還在下頭落款，寫著「張作霖手墨」。

不過，由於他唸書不多，竟然把「墨」字寫成了「黑」字。

日本浪人見了，心中頗為得意，不禁露出嘲笑的眼光，張作霖的秘書見大帥出糗，趕緊在一旁提醒說：「大帥，您寫的這個字是『黑』，『墨』字下邊還有個『土』字呢！」

張作霖知道自己洩底了，隨即哈哈大笑加以掩飾：「我堂堂張大帥，難道會不知道『墨』字下邊還有個『土』字，可是我就是不寫這個『土』字！有些人總是打老子的主意，總是想奪取東北的土地，老子我偏偏寸『土』不讓！本大帥一向『手黑』，誰敢放肆，老子絕不客氣！」

張作霖的瞎掰功夫真是到家，真不愧是「臉厚手黑」的大軍閥。這一番話說

得義正詞嚴，不僅巧妙地掩飾自己的弱點，也宣示強硬立場，讓兩個日本浪人討

不到便宜，自覺沒趣地走了。

馬基維利在《君王論》中說：「最能顯示出一個人智慧的是，能在各種危險

之間做出權衡，並選擇最小的危險。」

在任何情況下，都必須保持一顆清楚的頭腦，如此才能在別人慌張失措的時

候保持鎮定，在別人做出愚蠢事情的時候，仍維持正確的判斷。

因為，唯有頭腦清醒的人，才能在驚濤駭浪中鎮定地駕馭船隻，也唯有頭腦

清醒的人，才能像張作霖一般，面對不速之客挑釁的時候，從容地運用機智，化

解自己的尷尬。

罵人不必用髒話

人們的聰明，並非以經驗為依據，而是以接受經驗的程度為依據。

——英國劇作家蕭伯納

以眼還眼，才能糾正對方的偏見

儘管以牙還牙、以眼還眼，並不是最好的行為模式，但是，在不得已的情況下，對於別人的一些不友善舉動，還是得適度加以還擊。

莎士比亞在《愛的徒勞》劇作中這麼說：「聰明人一旦變得癡愚，是一條最容易上鉤的魚，因為他憑恃才高學廣，看不見自己的狂妄。」

偏見會影響一個人看待事情的方式。

雖然大家都知道，人應該多留意別人的好處和優點，不要拿放大鏡看別人的缺點；輕視與嫉妒他人的心胸是狹隘、不健全的。但是，在這個社會上，就是有許多人喜歡吹毛求疵，喜歡冷潮熱諷。遇到這種充滿偏見的人，最好的方式就是以牙還牙、以眼還眼。

獲得諾貝爾和平獎殊榮的美國前總統卡特，當年競選總統時，有一位愛找碴的女記者看種花生出身的他相當不順眼，於是特地去採訪他的母親，想從中找出漏洞狠狠修理他一番。

這個女記者進門後，充滿挑釁地對卡特的母親說：「妳兒子卡特曾經公開說，如果他說過謊話，大家就不要投他的票，妳敢保證卡特從來沒說過謊嗎？」

卡特的母親知道這位女記者來意不善，於是平靜地回答道：「不瞞妳說，我兒子確實說過謊話。」

「喔，他說過什麼謊話？」女記者見獵心喜，趕緊追問。

「他曾經說過一些善意的謊話。」

「什麼是善意的謊話？」

「妳記不記得幾分鐘前，當妳跨進我們家大門時，他稱讚妳非常漂亮，還說他很高興見到妳？」

儘管以牙還牙、以眼還眼，並不是最好的行為模式，但是，在不得已的情況

下，對於別人的一些不友善舉動，還是得適度加以還擊，否則你就會被視為軟弱無能的人而遭到欺壓。

對於那些狂妄自大、蠻橫無理的人，有時瞅準機會狠狠地教訓他們一頓，對他們而言，其實也不無好處。

罵人不必用髒話

虛榮、急躁、固執等性格還不是最壞的，最壞的是嫉妒以至於禍害他人。

——英國思想家培根

用「事實」回敬對方的羞辱

不要急著抓狂開罵，也不要一味地硬碰硬，只要照自己的意思陳述事實，就可以從容回敬對方的羞辱。

面對惡意的挑釁時，你可以選擇閃避，更可以選擇主動出擊，利用幽默營造出曖昧空間，反將對手一軍。遇到挑釁，臉紅脖子粗地替自己辯解是最差的策略，不如學學林肯，用幽默的方式反擊，這才是最高明的做法。

林肯競選總統時的對手道格拉斯，選舉落敗之後，一直對林肯懷恨在心，處心積慮地想找機會加以報復。

有一天，道格拉斯終於逮到機會，在一個公開場合遇見了林肯。一陣虛情假

意的社交寒暄後，他以不屑的神情說道：「林肯先生，我剛認識你的時候，你好像是開雜貨店的，站在一大堆雜物中賣雪茄和威士忌。你能當上總統，真是運氣亨通呀！」

林肯明白道格拉斯有意羞辱自己，於是神色自若地向在場的眾人說：「各位先生們，道格拉斯先生說得一點也不錯，我確實開過一家雜貨店。我記得，當時道格拉斯先生是所有顧客中最高尚的，他總是神情優雅地站在櫃台的前面結帳，我則站在櫃台後面找零錢。不過，我早就從櫃台的後面離開了，不知道為什麼，道格拉斯卻依然頑固地站在櫃台的前面，硬是賴著不肯走。」

這番不卑不亢的話不僅獲得滿堂喝采，也使道格拉斯尷尬得無地自容。

莎士比亞在《哈姆雷特》中說：「留心避免和別人發生爭吵；可是萬一爭端已起，就應該讓對方知道你不是可以輕侮的。」

林肯曾開過雜貨店，這是難以否認的事實，因此當道格拉斯重提往事加以嘲笑之時，他絲毫不以為意，先加以證實，乍聽之下似乎是甘居下風，但是這個證實，只不過是為下一步的反擊作準備。

他先退一步，說明自己和道格拉斯兩人過去的背景，然後再用現在各自不同的狀況加以比較，告訴在場的眾人，自己雖然曾經從事過卑微的職業，但是經過長期努力不懈的奮鬥，已獲得相當耀眼的成績和進步。

相形之下，這番話也諷刺道格拉斯仍然庸庸碌碌，無法提昇自己的層次，只不過是個虛有其表的傢伙。

林肯面對宿敵的揶揄挑釁，展現了應變才智和反應敏捷。

想要輕鬆戰勝身邊的小人，應該學習林肯這種「罵人个必用髒話」的智慧，不要急著抓狂開罵，也不要一味地硬碰硬，只要照自己的意思陳述事實，就可以從容回敬對方的羞辱。

罵人不必用髒話

在你一切見解與深思方面，以及在你舉止與其他事情方面，都要保持穩健與含蓄。

——法國思想家蒙田

面對揶揄，要懂得適時反擊

受到排擠嘲弄的時候，必須先冷靜下來，找出自己受到排擠嘲弄的原因，然後從容地對別人的揶揄進行反擊。

美國作家愛默生曾經說過：「為自己挽回頹勢的最高明辦法，就是跟對手談論他最得意的事！」

因為，如此一來，對手會因而趾高氣昂、得意忘形，在無形中撤除應有的心防，你才可以有機可乘，迎頭痛擊對方。

第二次世界大戰結束後，聯合國成立了託管委員會，專門處理殖民地獨立和主權未定區域相關事宜。

有一次開會的時候，英國代表又滔滔不絕地談論英國協助殖民地獨立的豐功偉績，正當英國代表說得眉飛色舞的時候，經常受到嘲諷的蘇聯代表，十分不耐煩地迎頭潑下一盆冷水。

蘇聯代表鄙夷地打斷他的話，說道：「你們英國人講的這一套話，我已經聽了幾十遍，誰不知道，你們會這麼主張，是因為你們的政府要員，以前大部分都是關在監獄裡的犯人！」

英國代表聽了這話並不以為忤，隨即笑嘻嘻反唇相譏：「你說得沒錯，只是，我們把犯人變成政府要員，總比貴國老是把政府要員變成犯人，關到監獄裡去，還要高明一些吧？」

英國諷刺作家斯威夫特曾說：「諷刺是一種鏡子，照鏡子的人從鏡中都能發現其他人的面孔，唯獨看不見自己。」

如果你在交際場合受到排擠嘲弄，千萬不要像小孩子大吵大鬧，也別像蘇聯代表處心積慮想找機會潑別人冷水，因為，萬一你欠缺內涵，最後受到奚落嘲笑的，有可能還是你自己。

受到排擠嘲弄的時候，必須先冷靜下來，找出自己受到排擠嘲弄的原因，然後彌補或加強自己屢屢遭受攻擊的弱點。

譬如，要是大家認爲你太笨拙，老是開你的玩笑，你就應該先試著讓自己機靈聰明點，然後在自我改進中，尋求朋友指點迷津，才能獲得支持和認同。

如此一來，有朝一日，你才可能像英國代表擁有「罵人不必用髒話」的功力，從容地對別人的揶揄進行反擊。

罵人不必用髒話

一個人或一個民族所能達到的最高圓融程度，就是知道如何去面對別人的嘲諷。

——烏納穆諾

遭到譏諷，不妨反守為攻

面對突來的蠻橫舉動、無理要求或嘲弄譏諷，不妨表面上做出看似妥協的姿態，然後針對對方的語病或漏洞反守為攻。

人總是依據利弊得失權衡眼前的事物，而且，往往一見到便宜就想佔，一見到別人失敗就想打落水狗，彷彿不趁機落井下石也是一種吃虧似的。

殊不知，這樣一來，只會醜態百出，使自己的人生道路越走越狹隘，很難有一番豁然開朗的大遠景。

中國近代史上著名的外交家伍廷芳相當機智，出使美國時，曾在一次外交官雲集的宴會上，即席發表了一次幽默風趣的演講，受到與會人士的一致喝采。

當時，有個穿得珠光寶氣的美國外交官夫人，不甘眾人的焦點全集中在伍廷芳身上，想要挫挫他的鋒頭。於是，她故意走上前去，嬌滴滴地對伍廷芳說：「伍大使，我十分佩服您的演講，因此，我決定把我的愛犬改名為『伍廷芳』，讓牠沾點您的光，您說好不好？」

伍廷芳聽出她心中的醋意和輕蔑，於是，順著她的語意，幽默地回答說：「很好，那很好啊，這麼一來，妳以後就可以天天摟著妳親愛的『伍廷芳』，和牠接吻了。」

這位外交官夫人想要羞辱伍廷芳，不料卻被伍廷芳在言語間吃了豆腐，氣得漲紅了臉，卻又莫可奈何。

英國劇作家Ｈ・泰勒曾說：「如何妥善地處理一場不可避免的爭端，是對一個人的性格的最好考驗。」

面對突來的蠻橫舉動、無理要求或嘲弄譏諷，為了避免正面衝突，不妨表面上做出看似妥協的姿態，然後針對對方的語病或漏洞反守為攻。

這是一種高超的應變技巧，具有以柔克剛、後發制人的功效。

伍廷芳裝作接受那位貴婦人用「伍廷芳」當狗的名字，然後加以衍伸，借用她逗弄愛犬的情景，戲謔地說「妳以後可以天天摟著伍廷芳接吻了」，回敬她對自己的羞辱，便收到良好的反擊效果。

我們可以見到，那些處心積慮想要佔別人便宜，一逮到機會就想暗中損人的人，面對舌戰高手，往往什麼便宜也佔不了，反倒常常變成遭人戲弄的落水狗，由此可知「罵人不用髒話」的威力不容小覷。

罵人不必用髒話

如果衣著華麗，就看不出誰貧誰富，如果不說話，就認不出聰明愚蠢。

——佚名

和小人過招，不一定要爭吵

與小人過招，爭吵並不是最好的辦法，必須懂得運用四兩撥千斤的策略，有時，退讓一步便可能出現海闊天空的新景象。

日常生活中，我們很難避免地要和一些趾高氣揚的人接觸，如果對方只是「自大的青蛙」，那麼，你高興怎麼罵就怎麼罵；萬一對方不是自己得罪得起的，那麼，面對驕傲蠻橫的言行，有時就得施展「糊塗戰術」加以回敬。

英國首相邱吉爾以機智和風趣聞名於世，對付那些狂妄自大的小人，也有一套幽默的行事方法。

二次世界大戰還沒爆發之前，德國和英國還保持著形式上的外交關係。有一

天，德國外交部長李賓特羅甫，派人送了一張請帖給邱吉爾，邀請他在該月二十四日晚上七點前赴德國大使館，出席一項國際宴會。

但是，李賓特羅甫為了貶抑邱吉爾，故意不遵守國際外交禮儀，請帖裡頭寫的不是法文，而是德文。

邱吉爾收到請帖後，知道李賓特羅甫有意藐視英國和自己，心中頗為不悅，於是故意裝糊塗，隨即交代秘書人員用英文回覆說：「二十七日晚上八點，本人必定準時出席這場盛會。」

李賓特羅甫收到這封牛頭不對馬嘴的回函後，哭笑不得，只好乖乖地依照國際外交禮儀，重新補送一張法文請帖給邱吉爾。

英國作家康拉德說過這麼一句話：「任何傻瓜都能駕船航行，但唯有聰明的人才知道如何走捷徑。」

與小人過招，爭吵並不是最好的辦法，必須懂得運用四兩撥千斤的策略，有時，退讓一步便可能出現海闊天空的新景象。

遭遇難纏的對手，如果對方相當蠻橫，實力又比你強大，無法從正面解決問

題時，不妨學習邱吉爾的「糊塗戰術」，採取迂迴策略，先後退一步，然後再伺機進兩步，如此才可能戰勝對方。

罵人也是一樣，面對難纏的對手並不可怕，可怕的是自己先慌了心、亂了腳步，一味地狂奔亂竄。

因為，人一旦亂了方寸，便無法冷靜地發揮原有的機智見招拆招。

罵人不必用髒話

當一個人自己缺乏某種美德的時候，就一定要貶低別人的這種美德，以實現兩者之間的平衡。

——英國思想家培根

千萬別當睜著眼睛的瞎子

有時，保持洽當的應對進退，也能夠發揮罵人不帶髒字的效果，氣定神閒地回敬別人不安好心的伎倆。

世間所有的詭計，都是以美麗的假象先行，使愚癡的人緊隨其後，充分曝露他們的低俗、平庸的本質。

人如果不細心辨別、觀察美麗的糖衣裡頭，包藏的究竟是糖果還是毒藥，往往會誤信花言巧語，匆匆地下吞下誘餌。

美人計是外交場合慣用的一種誘餌，美國前國務卿季辛吉就善長使用此計，藉以收買其他國家的外交人員。

在一次私人聚會中，季辛吉悄悄地將越南總統阮文紹的特別助理黃德雅拉到一旁，然後出示一本黑色手冊，只見手冊上面寫得密密麻麻，記載著許多好萊塢著名女影星的電話和住址。

季辛吉語氣曖昧地對黃德雅說：「如果你願意做我的『朋友』，我可以替你介紹這些女星中的任何一位。」

誰知，黃德雅並非等閒之輩，也依樣畫葫蘆，從口袋摸出一本厚厚的手冊，然後以同樣的語氣告訴季辛吉：「如果你願意做我的『朋友』，我也可以替你介紹這些女性中的任何一位。」

英國有句諺語說：「如果奸人的眼淚有滋生化育的能力，那麼，他的每一滴眼淚都可以孵出一條鱷魚來。」

美人計是奸人最常施展的招數，不論在政界、商界都是最具殺傷力的陷阱，把持不住的人往往因此掉入桃色的深淵，最後身敗名裂。

這種人看待事物，有時竟連「耳聽為虛」這樣的道理都不懂，用耳朵代替了眼睛，變成了一個睜著眼睛的瞎子。

學過辨證法的人都知道，應該從不同角度分析事物，不能單憑表面現象；表面現象通常只是假象，「見獵心喜」只會讓自己掉入別人謀劃的詭計之中。

面對別人不懷好意的誘騙行為，必須先克制自己易怒的情緒，不必和對方一般見識，也不必脫口就用髒話問候他的家人，只要依樣畫葫蘆，學學對方的舉動，就可以替自己解圍。

有時，保持洽當的應對進退，也能夠發揮罵人不帶髒字的效果，氣定神閒地回敬別人不安好心的伎倆。

罵人不必用髒話

在小範圍內耍花招的人，隨著權慾的增長，必將玩弄更大的騙局。

——法國作家皮埃爾

氣定神閒面對別人的挑撥離間

只有具備一雙識人的慧眼，才能真正洞燭人性，一眼看穿對方打什麼歪主意，然後用幽默的話語，氣定神閒地面對別人的挑撥離間。

有位哲人說：「在利益得失面前，每個人的靈魂會鑽出來當眾表演，想藏也藏不住。此刻，正是識別人心的大好時機。」

的確，在種種誘惑之前，邪惡的靈魂會赤裸裸地曝露出來。

人一面對誘惑，就會千方百計揭人隱私、造謠中傷、挑撥離間，縱然用盡卑劣的手段，也要奪到自己想要的東西。

英國著名的偵探小說家克莉絲汀大部分的時間都待在巴格達，生活在又乾燥

又酷熱的沙漠當中，陪著她的丈夫從事考古方面的工作。

有一次，她回到英國參加出版界的盛會，有一個對她覬覦已久的出版大亨，為了離間他們夫妻之間的感情，便故意趨前對她挑撥說：「唉呀！像妳這樣優秀的作家，竟然嫁給一個不知憐香惜玉的丈夫，整年生活在沙漠當中，妳的犧牲未免太大了，實在令人惋惜。」

克莉絲汀聽了不以為忤，只用幽默的語氣，說出絃外之音：「其實，一個考古學家才是世上最好的丈夫，因為，妻子的年齡越大，她的丈夫越能從她身上發掘出許多新的樂趣。」

世間萬物都是隨著時空環境而不斷變化的，人心也是如此，因此，活在現實的社會，人必須明察秋毫，提防別人對自己要詐。

姜太公在《守士》中有一段關於卑劣人性滋長的比喻，強調防微杜漸的重要，值得我們再三玩味，他說：「涓涓細流不加堵塞，就會聚成滾滾江河；微弱的火花不加以撲滅，就會燃起熊熊大火；細小的幼芽，用手就可以摘除，但長大後不用斧頭是無法砍掉的。」

俗諺說：「路遙知馬力，日久見人心」，歲月是最公正的法官，有的人在某段時間裡也許可以稱得上是朋友，但相處時間久了，你就會了解他們真正的為人和品格。如果你肯仔細觀察，其實不難達到「知人知面也知心」的境界，對對方的企圖了然於胸。

知人是十分重要的，只有學會察微知著，才能成為聰明人，只有具備一雙識人的慧眼，才能真正洞燭人性，一眼看穿對方打什麼歪主意，然後用幽默的話語，氣定神閒地面對別人的挑撥離間。

罵人不必用髒話

對盛開的花朵，寒冷的天氣是敵人；對親密的愛情，離間的壞話是敵人。

——蒙古諺語

02

用風趣的方式
表達罵人的意思

幽默的效用在於能立時改變氣氛，
即便有些幽默話語暗藏諷刺，
但也因說話的人表達方式風趣，
令被譏笑的人無言可應。

用幽默談吐為生活添加色彩

話說風趣，不僅能表現出自身修養的高雅，也能罵人不帶髒字，輕易地迎戰問題，透過說話策略與技巧，讓別人接受自己的意見或批評。

幽默的談吐往往惹得人們捧腹大笑，而且談吐的風趣也是一種美感。

生活中的幽默既可以隨意發揮，也可以刻意設計，不論是何種幽默，都是調劑生活的好辦法。

幽默的說話方式只要運用得當，往往能達成勸說或責罵的目的。這種幽默是根據看到的事物隨意聯想而成，讓人忍俊不禁、會心一笑。

語言學課堂上，有幾個女同學不斷嗑瓜子，「嗑嗑」的聲音令人心煩。可是，

許多認真聽課的同學又不好意思制止，只好望著那正在講授的代課老師。

突然，老師停止授課，掃視一下教室。大家鴉雀無聲，等著老師大動肝火地批評那幾個嘴饞的女孩子。

誰知沉寂片刻後，老師卻微笑著問：「請問你們班一九七二年出生的同學有多少人？」

同學們聽了這個問題都覺得莫名其妙，眾人呆了一會兒，才有人說了一句：

「有二十多人。」

接著老師又問：「一九七二年出生是屬什麼的呢？」

另一名同學回答：「屬鼠。」

「喔！是老鼠啊！怪不得嗑瓜子的聲音這麼響。」

話一出口，台下笑聲四起，至於那些嗑瓜子的同學不得不知趣地放棄手中美食，心悅誠服地聽老師講課。

現實生活中，有的人不管走到哪裡，都處處受人歡迎，做起事來左右逢源。

有的人卻寸步難行，即使在家庭、學校或工作場合，做事也處處碰壁，幾乎沒人

願意和他進行良性互動。

其實，造成兩者之間的差別，原因就在於是否懂得掌握說話的藝術。只有懂得如何說話的人，才可能把語言變成自己的工具。

話說風趣，不僅能表現出自身修養的高雅，也能罵人不帶髒字，輕易地迎戰問題，透過說話策略與技巧，讓別人接受自己的意見或批評。

罵人不必用髒話

如同鋼鐵被鐵鏽腐蝕一樣，喜歡羨慕嫉妒別人的人，總是被自己的情緒消耗掉。

——安提西尼

把握尺度，善用幽默元素

運用幽默元素時，千萬注意不要拿對方的「痛處」開玩笑，這樣的幽默會讓對方覺得說話者心存惡意或別有用心，產生無謂的紛爭。

在談判中運用幽默營造氣氛時，應該特別注意，千萬不要使高雅的幽默淪為低俗的滑稽和尖酸刻薄的諷刺。運用幽默元素時，首先要注意時機和場合，最好能根據雙方談判的內容製造某種情境，形成幽默的氣氛。不要在一些比較嚴肅但並非尷尬、沉悶的時候，插入一些自己編造的生硬笑話，這樣不但不能達到活躍氣氛的目的，還會使人覺得莫名其妙。

比較下面兩個例子，我們就不難明白這一點的重要性。

第一個例子是，一個球鞋製造廠商向某商場推銷一批品質低但價格高的鞋子。

談判過程中，廠商極力吹噓鞋的品質，「經理，您放心，這鞋的品質絕對沒有問題，它的壽命將和您的壽命一樣長。」

只見經理翻了翻樣品，微笑著說：「我昨天剛查過身體，一點毛病都沒有，我可不信我很快就會死。」

在這個談判中，經理巧妙利用鞋商過分誇大球鞋品質的時機，用幽默話語道出自己對鞋子品質的看法，如此既展現自己的素養，又使鞋商無法辯解，只能知難而退，可說將「罵人不用髒話」的藝術運用得恰到好處。

第二個例子是在一次大型談判過程中，雙方都在仔細地閱讀各種資料，準備進行新一輪辯論。

某一方的助手卻說了個笑話：「有這麼一個笑話是說，日本球迷去問佛祖：『日本什麼時候能得到世界冠軍？』佛祖答道：『五十年。』日本球迷哭著走了。

韓國球迷也問佛祖：『韓國什麼時候能得到世界冠軍呢？』佛祖答：『一百年。』

韓國球迷也哭著走了。最後，中國球迷問佛祖：『中國什麼時候能得到世界冠軍呢？』佛祖無言以對，哭著走了。」

這名助手講笑話的時機太不是時候，在不需要緩和氣氛的時候拋出了這樣一顆「笑彈」，反而會引起雙方反感。

運用幽默時要見機行事，別讓幽默反倒引起惡果。其次，要注意切勿用一些比較低俗的方式表達，如扮女聲、裝嗲、學方言等。這些不但不能使幽默令人回味，還會使人反胃，無形中給對方留下不好的印象。最後必須特別注意是，運用幽默元素時，千萬注意不要拿對方的「痛處」開玩笑，這樣的幽默會讓對方覺得說話者心存惡意或別有用心，產生負面的效果或無謂的紛爭。

罵人不必用髒話

懷疑的眼睛就像貓頭鷹的眼睛一樣，要在黑暗中才能看見，光明反而會使它失去視力。

——約卡伊・莫爾

精通幽默竅門，緩和緊張氣氛

不得不開口罵人的時候，不一定要口出惡言，因為，最厲害的罵人方式，是只說幾句乾淨的話，卻能讓它發揮最「髒」的功用。

幽默本身就是聰明、才智、靈感的結晶，能使人的語言在轉瞬之間放出智慧的光芒。幽默在日常生活中能發揮點綴、調和、調節的作用，是語言的潤滑劑，只要有了它，就能使緊張、對立的情緒頓時消失，劍拔弩張的可怕氣氛也會因此緩和下來。

有一年，英國一位能言善辯的社運人士在大街上發表演說。講到社會的種種弊病時，情緒異常激昂，大聲喊道：「要讓這些腐敗的官員清醒，唯一的辦法就

是將宮殿和眾議院燒掉!」

當時,街上有一大群密密麻麻的聽眾,使車輛與行人無法通行。維持交通秩序的員警湯姆森見狀,幽默地向人群喊道:「請各位散開!要燒宮殿的請到左邊,要燒眾議院的請到右邊。」

湯姆森並未用強制或斥罵的方式要求群眾交通秩序,一句幽默又滑稽的話語逗得大家哈哈大笑,在一片笑聲中,人群就自行散開了。

想學會運用幽默語言加強本身的魅力,有時得掌握若干詞語組合的技巧,使自己的話既可以罵人,又有幽默感。

某市一家奶粉工廠的廠長,上午一進辦公室,就被兩個業務員纏住了。這兩人憑著一紙介紹函及三寸不爛之舌,提出要購買兩萬袋奶粉,付款方式為先付十%的訂金,餘下九十%的貨款待貨到後一次全部付清。

不過,任憑這兩名業務員怎麼說,廠長完全不為所動,絲毫沒有與他倆談這筆買賣的意思。這兩名業務員足足纏了二十分鐘後,發現廠長的態度始終十分冷

淡，只好放棄地告辭了。

但是，快走出廠長辦公室時，其中一位業務員故意對另一位大聲說：「哼，白白浪費了二十分鐘！實在是對牛彈琴。」

廠長明知這是罵自己，但並沒發火，因為這類推銷員、商界說客乃至騙子，他見多了，犯不著動氣。所以，他只是大聲回敬了那兩位剛走出辦公室的業務員這麼一句話：「說得對，剛才竟有兩頭牛彈了二十分鐘的琴！」

廠長在關鍵時刻善於拆開固定詞語再巧妙組合，既幽默風趣，又巧妙地回擊了那位業務員的粗野與無禮。不得不開口罵人的時候，不一定要口出惡言，因為，最厲害的罵人方式，是只說幾句乾淨的話，卻能讓它發揮最「髒」的功用。

罵人不必用髒話

你無須聽信人們的嚼舌，所有惡意的，毫無根據的，甚至刻薄的的

流言，都是一言不值。

——塞涅卡

用風趣的方式表達罵人的意思

幽默的效用在於能立時改變氣氛，即便有些幽默話語暗藏諷刺，但也因說話的人表達方式風趣，令被譏笑的人無言可應。

有個人穿了全身名牌，走起路來神氣活現，不料正自鳴得意的時候，卻踩到一塊香蕉皮，跌得四腳朝天。

這情景當然是可笑的，因爲他本來威風的模樣和摔跤後狼狽的態度正好形成對比。反過來說，他如果是個衣衫襤褸的窮人，長得一副可憐相，摔跤時不致會引起人們注意，因此也無所謂可笑了。

罵人的藝術也是如此，需要的時候，巧妙運用「罵人不帶髒話」的說話方式可獲得極好的效果。

下面這一段對話就將這種藝術運用得恰到好處。

有位進口洋煙推銷員在鬧區繁華街道口不斷叫賣，說得口沫橫飛：「英國進口香煙，芳香味正，能提神益智，價格合理……」

不久之後，一位知識分子模樣的中年男子擠到煙攤前，瞄一眼進口香煙，隨口冒出一句話：「抽了這英國進口煙，小偷不敢進屋，狗不敢咬，而且人永遠不會老。」

煙攤前一堆人聽到這句話，全愣住了，唯有推銷員樂極了，連忙大聲說：「還是知識份子高明！大家不妨聽聽這位專家對英國進口香煙的高度評價。」

只見這位知識型中年人似笑非笑地說：「抽洋煙的人整夜咳嗽，小偷敢進屋嗎？抽煙的人身體虛弱，走路得拄著枴杖，狗敢咬他嗎？抽煙的人易得癌症，怎麼能活到老呢？」

煙攤前的人一聽，人人哈哈大笑，只有推銷員霎時變了臉色，但一時之間又不知該回應什麼。

想要用風趣的方式表達罵人的意思，就必須懂得「先褒後貶」、「明褒暗貶」的罵人藝術，口中說的盡是讚美的話，但是效果比髒話還要惡毒，讓人氣得牙癢癢，卻又莫可奈何。

幽默的效用在於能立時改變氣氛，又不會惹人反感。即便有些幽默話語暗藏諷刺，但也因說話的人表達方式風趣，令被譏笑的人無言可應。

罵人不必用髒話

為了一件小事爭辯，往往會使這件小事顯得格外重大，甚至會讓你惱羞成怒。

——莎士比亞

發揮幽默感，和緩對立局面

有些話語含著批評的意味、帶著惡意的攻擊，或者專門挖苦別人醜陋的事情，如果無法說得巧妙，還是不說為妙。

《聖經》上有這麼一句話：「人們若有一顆快樂的心，會遠勝於身懷一只藥囊，可以治療心理上的百病。」

機智和幽默如果運用得當，不但可以帶給人們快樂，還可以幫人們化險為夷。機智是以智力為基礎，可以憑著機智把表面上不相干的事情巧妙地連結在一起。它可以在文句上搬弄花樣，但是不一定會令人發笑。至於幽默，不僅是在言談之中賣弄玄虛，有時更是得體的玩笑。

幽默與機智都可以壓倒對手，顯出自己的聰明之處，也可以鼓起他人的興

致，或緩和緊張的局面，使大家開懷大笑。機智和幽默可以像陽光驅散重重烏雲，一切懷疑、悒鬱、恐懼，都會在恰當的話語中消失無蹤。

機智幽默運用得法，可以使敵人啞口無言，還能解除尷尬的局面，贏得別人的鼓掌與喝采。一則有關於馬克‧吐溫的笑話正可以表現出這樣的特點。

某次，馬克‧吐溫前去拜訪法國名人波蓋，言談之間，波蓋取笑美國的歷史很短：「美國人沒事的時候，總愛想念他的祖先，可是一想到他祖父那一代，便不得不停止了。」

馬克‧吐溫一聽，便以充滿詼諧的語句說：「法國人沒事的時候，總是盡力想找出究竟誰是他的父親。」

不過，這類機智是危險的，不是一般人能使用，因為它可以把一粒星火煽動成熾烈的怒焰，和對方爭辯的結果不是全面得勝，就是一敗塗地。所以，除非必要，不要隨便嘗試採用這類針鋒相對的機智。

幽默是有區別的，有些文雅，有些暗藏深意，有些高尚，有些低級。低級的

幽默形同譏笑，往往一句話就足以令人勃然大怒。

若是一味說俏皮話、無限制的幽默，結果反而會不幽默。

譬如，若把一個笑話反覆說三、五遍，起初別人還會覺得很風趣，到後來聽厭了之後，便不再感興趣。

想表現幽默時也要注意，若沒有適時適地善加運用，反倒會令人厭惡。例如，若眾人聚精會神地研究一個問題，你卻忽然在這時插進一句全無關係的笑話，不但不會引人發笑，說不定還遭白眼相待。

另外，有些話語含著批評的意味、帶著惡意的攻擊，或者專門挖苦別人醜陋的事情，如果無法說得巧妙，還是不說為妙。

⟨罵人不必用髒話⟩

那些只會嚼舌根、談是非的人，就像池塘裡的青蛙一樣，成天喝水而且聒噪不休。

——赫伯特

曲解「真意」，製造幽默涵義

> 如果平時多練習，辨明話的「真意」與「表意」，就可以適時應用位移幽默表達自己想說的意思。

絕大多數人都希望自己能言善辯、妙語如珠，幽默詼諧地和周遭同事與朋友交談。這時，若能把握位移幽默的技巧，就能為自身談吐增色不少。位移幽默就是把重點移到另一個主題上，避開原來的主題。這類幽默往往會造成意想不到的效果。

例如，在一次軍事考試的面試中，主考軍官問士兵：「某個漆黑的夜晚，你在外面執行任務，這時，有人從後方緊緊抱住你的雙臂，你該說什麼？」

「親愛的，請放開我。」士兵從容地回答。

這段無厘頭的對話，乍看之下會讓人覺得有些莫名其妙，但仔細一想其中涵義，實在令人忍俊不禁。軍官提問是想知道士兵要怎樣對付敵手，但年輕的士兵則理解為戀人抱住他雙臂時，他該說什麼。把原本重點「怎樣對付抱住他雙臂的敵手」，巧妙轉移成「怎樣對付抱住他雙臂不放的情人」，這就是位移幽默。

人們說的話，往往字面意思與說話者想表達的意思並不完全一致，也就是一句話有「表意」和「真意」。將人們話語中的「真意」棄之不顧，只取話語的「表意」，就是位移幽默的根本技巧。

例如，有個小姐打電話對某家雜誌社的編輯說：「我之前投稿了一則笑話，希望能在雜誌上發表。」

編輯看過稿子後，對她說：「小姐，這笑話實在有些冷。」

小姐馬上說：「沒關係，你們就在夏天發表它吧！」

在這段對話中，編輯話的真意是指這則笑話的笑點不佳，不足以引人發笑，

所以不想刊登這則笑話。但這個小姐卻故意裝成聽不懂話的「真意」，只取「冷」

這個字的表意，這就是使用了位移幽默的技巧。

以位移前提造成的幽默往往流露言外之意。

房客對房東抱怨：「我無法再忍受了，這房間不斷漏水。」

豈知，房東聽了竟然反駁說：「你還想怎麼樣？就憑你繳的那一點房租，難

道還想漏香檳不成？」

這的確是個很精湛的幽默。房客抱怨房間漏水，但是精明的房東卻反唇相

譏，暗指付多少房租就住什麼房子。如果平時多練習，辨明話的「真意」與「表

意」，就可以適時應用位移幽默表達自己想說的意思。

罵人不必用髒話

如果你能夠把諂媚的花言巧語讓人聽起來變成坦率懇切的苦口良言，

那麼你就離成功不遠了。

——喬叟

用巧妙的方式讓對方省悟

硬要用言語交鋒的方式扭轉對方的看法，可能不但無法揪出他錯誤的觀念，還讓他逐漸加深成見，那反而造成反效果了。

日常生活中，我們隨時都可能脫口說出批評的言語。

有些批評是壞的，例如當你存心想傷害對方的時候，這時的批評就充滿惡意；但是有些時候，批評是好的，因為你期望對方進步，也期望未來會更好，出發點是好的，目的也是正確的。

但是，沒有人喜歡聽批評的言詞，不管是好的，還是壞的。所以，小心選擇批評的手法就顯得相當重要。

只要方法用對了，即使再嚴厲的批評，也能讓對方接受。

徐錫麟先生是個出色的文學家、教育家，最後在辛亥革命中轟轟烈烈地為國捐軀。早年，徐錫麟在紹興中學堂擔任相當於現在副校長一職的工作時，發現有個家境還不錯的學生偷了東西，於是便將這個學生叫到辦公室來，問他：「你知道不知道我為什麼叫你來辦公室？」

這學生吊兒郎當地回答：「不知道。」

「我要告訴你一個好消息，我抓到了一個小偷了。」徐錫麟平靜地說。

學生一聽嚇了一跳，隨即故作鎮定地說：「喔！小偷在哪裡？」

徐錫麟遞給他一面鏡子，很嚴肅地對他說：「你看看，小偷就在鏡子裡。你仔細地看看他吧！看看他的外貌，再看看他的靈魂。」

聽到這段話，這名學生羞愧得抬不起頭來，從此痛改前非。就這樣，徐錫麟巧妙地拯救了一個正要墮落的靈魂。

在上述的例子中，若是徐錫麟用責罵的方式對待學生，說不定會激起該名學生的叛逆性，導致那學生的行為不但沒有改善，反而越來越糟。

徐錫麟懂得這個道理，因此改採「罵人不用髒話」地勸說方式，讓該名學生自我省悟。

同樣的，當我們發現他人對自己有錯誤的觀感或成見時，應該想辦法加以改變，只是，這時若是硬要用言語交鋒的方式扭轉對方的看法，可能不但無法改變錯誤的觀感，還讓他逐漸加深成見，那反而造成反效果了。

罵人不必用髒話

當我們自以為在領導別人的時候，往往正是被別人牽著走得最快樂的時候。

——拜倫

針鋒相對，是為了替自己製造機會

所謂「針鋒相對」的反擊方式，並不是指能不顧禮節地貶低對方，而是要用合理與合禮的語言，反擊對方的言論。

商場上的談判如同戰爭一樣，是雙方力量和智慧的較量。

在談判過程中，遇到一些故意刁難的事情發生時，為了捍衛自己的人格與尊嚴，針鋒相對地做出反擊是非常必要的。

一次外貿談判中，中方外貿代表拒絕了一位紅頭髮西方外商的無理要求。沒想到，這名商人惱羞成怒，竟然出口傷人：「代表先生，我看你皮膚發黃，大概是因為營養不良，才造成你現在思考紊亂吧？」

中方代表立即順著對方的邏輯反擊：「經理先生，我不會因為你皮膚是白色的，就說你嚴重貧血，造成思考紊亂；也不會因為你頭髮是紅色的，就說你吸乾他人的血，造成腦袋發昏。」

這句話雖然沒有直接責罵對方，但實際上罵得比對方還刻薄歹毒，讓那名外商十分難堪。「針鋒相對」的辦法，不僅是簡單地否定對方的談話內容，還要用明確或誘導性的語言，把對方的熱情激起來，引向你希望方向。

某個玻璃工廠代表與國外財團談判關於合資經營新型浮法玻璃廠問題時，對方自恃技術、設備先進，因而向廠方漫天要價，使談判一度陷於僵局。

於是，廠方代表致詞時說：「我們的祖先早在一千多年以前，就把指南針、造紙術、印刷術和火藥等四大發明無條件地貢獻給全人類，他們的後代子孫，從未埋怨他們不要專利權是愚蠢的行為，相反的，卻盛讚祖先為推動世界科學的進步做出了偉大的貢獻。現在，我們和各國經濟合作時，並不要求各國無條件地讓出專利權，只要價格合理，我們一文錢也不會少給。」

廠方代表這番致詞，贏得了對方的讚賞，使談判氣氛一下子又活絡起來，雙方最後順利達成協議。

判過程中發揮最大的效用。

談判過程中，當你受到對方刁難甚至是侮辱時，若是悶不吭聲地乖乖承受，只會讓對方覺得你是個好欺負的人，連帶也會看輕你代表的團體，之後的談判中，多半會得寸進尺，用強烈的攻勢使你無法招架。因此，面對被刁難的情況時，要用「針鋒相對」的方式反擊回去。但是，所謂「針鋒相對」的反擊方式，並不是指不顧禮節地貶低對方，而是要用合理與合禮的語言，反擊對方的言論，讓對方明瞭你不是個好欺負的人。這樣，才能使「針鋒相對」的反擊方式，在談

罵人不必用髒話

懷著輕蔑對方的心理，就會使你的話語充滿怒氣，不僅會傷害別人，也會傷害自己。

——賀拉斯

加點「佐料」，更能發揮功效

要發揮幽默的功效，就得在談吐中加點佐料，讓枯燥的語言中有色彩與起伏，讓平凡的日子裡有歡笑與喝采。

有些幽默完全是為了交際需要，刻意設計的，除了引人發笑之外，還有深刻的涵義。這些言談幽默的人從不輕易傷害別人，只會使別人和自己生活中時時刻刻充滿風趣和快樂，可說是令人快樂的成功交際家。

話說有一位年輕人最近當上了董事長，公司內部議論紛紛。

上任第一天，他召集公司職員開會，在會中自我介紹說：「我是陳剛，是你們的董事長。」然後打趣道：「我生來就是個領導人物，因為……我是公司前董

事長的兒子。」結果參加會議的人都笑了。

他用幽默的口吻和「反諷」的修辭手法，證明他能以公正的態度看待自己的地位，並對於大家的懷疑充滿理解。

實際上，他正是採取這種反諷方式委婉表示……「我會讓你們改變對我的看法，讓眾人知道我是靠自己的努力登上董事長之位。」

要發揮幽默的功效，就得在談吐中加點佐料，讓枯燥的語言中有色彩與起伏，讓平凡的日子裡有歡笑與喝采。

不論是採用以上何種幽默方式，只要能在言談中加上一些幽默元素，就能讓自己與周遭人的生活更快樂，同時能調和自己與部屬的關係。

罵人不必用髒話

為何我們明知諂媚不是一個好東西，卻還是寧願接受。因為，這至少代表我們擁有被人奉承的價值。

——愛默生

照著對方的思路
加以諷刺

如果你厭煩了那種虛張聲勢的行為模式，

不妨找個適當機會，

發揮「罵人不帶髒字」的智慧回敬一番。

照著對方的思路加以諷刺

如果你厭煩了那種虛張聲勢的行為模式，不妨找個適當機會，發揮「罵人不帶髒字」的智慧回敬一番。

英國作家湯瑪斯・富勒曾經說：「喜歡自我吹噓的人既是弓箭手又是箭靶，他所有的行為都是在射殺自己的名譽和利益。」

當一個人喜歡把自己看得很「大」，就會虛張聲勢，說詞變得浮誇，和別人的距離就會變得很「遠」。遇到這種浮誇不實的人，不妨順水推舟，照著對方的思路加以諷刺。

老張和老李兩個人一同走在路上，遠遠見到一名富翁坐著華麗的轎子經過，

老張見狀，急忙拉著老李躲到巷子裡，壓著嗓子說：「坐在那轎子上的人是我親戚，我如果不趕緊迴避，他見了我，就要下轎來對我行禮，怪麻煩的！」

「嗯，這是應該的。」老李點點頭，輕輕地說。

眼見轎子走遠了，兩個人才又一塊前行。不一會兒，迎面來了一個騎著駿馬的達官貴人，身旁還帶著許多衙門的差役，老張於是又急急忙忙地拉著老李躲到巷子裡，故作神秘地說：「這個穿金戴銀、騎著馬的官爺，是跟我從小一起長大的好朋友，我如果不躲一躲，他看見我，就會下馬跟我寒暄。我擔心他因此而誤了正事，所以還是躲起來避一避比較好。」

「嗯，說得也是。」老李嘴上說得輕鬆，眼裡卻露出了不悅的神色。

馬隊走遠了以後，兩個人再度走在大馬路上，忽然見到一個衣衫襤褸、骨瘦如柴的乞丐經過，這一回，換老李表現得緊張兮兮的了。他急急忙忙拉著老張躲到巷子裡，對老張說：「這個叫花子是我的遠房親戚，又是我從小一起長大的好朋友，我得趕緊躲一躲；要不然，他看見我一定會向我借錢的。」

「怎麼沒聽過你有這樣的親友？」老張驚訝得合不攏嘴。

「怎麼會沒有呢？那些稍微像樣一點的都被你挑了去，我當然只能和剩下的

這些乞丐交朋友!」

待人處事,切記謹言慎行,就算自己眞的很有辦法,也不要太自大。喜歡放大自己的人,往往會招人嫌怨,明明處在人群裡,卻沒有人願意與他親近。人不可能永遠站在亮處,偶爾適度隱藏自己的鋒芒,讓身邊的朋友也有發光發亮的機會,這是圓融的人生所必須具備的智慧。

如果你厭煩了那種虛張聲勢的行為模式,不妨像故事中的小李,找個適當機會,發揮「罵人不帶髒字」的智慧回敬一番。

罵人不必用髒話

要暗殺一個人,可以有各種不同的方式,用手槍、刀劍、毒藥,或者是道德上的暗殺。這些方式的結果都是相同的,只是最後一種更為殘酷。

——拿破崙

讓對方身歷其境，就能化解窘境

當自己的權威遭到挑戰，嚴厲斥責對方並不是最好的方式，讓對方身歷其境，更可以輕鬆地化解自己的窘境。

很多時候我們會遭受到刁難，對方可能會在雞蛋裡挑骨頭，想在菜頭堆裡買饅頭，這些舉動的目的自然是找麻煩。

這時候，不論是假意迎合附和或強硬對抗，都可能恰好落入對方的陷阱裡。

最好的應對方式是設法讓對方「身歷其境」，讓他自己嚐嚐苦頭。

一九五六年，前蘇聯共產黨第二十次代表大會上，赫魯雪夫做了「秘密報告」，揭露並批評史達林施政的一系列錯誤，引起蘇聯百姓及全世界各國的熱烈

反響，大家議論紛紛。

由於赫魯雪夫曾經是史達林非常信任和器重的人，所以這番「報告」使很多人懷疑：「既然你早就知道史達林的錯誤，那你為什麼之前從來沒有提出過不同的意見？你當時在做什麼？你有沒有參與這些錯誤行動？」

後來，有一次在黨代表大會上，赫魯雪夫再次批判史達林的錯誤。這時，有人從聽眾席上遞來一張紙條。

赫魯雪夫打開一看，只見上面寫著：「那時候你在哪裡？」

這是一個非常尖銳的問題，赫魯雪夫看了，臉上的表情顯得很難堪。

他很難回答這個問題，但又不能迴避這個問題，更無法隱藏這張紙條，這會使他失去威信，讓人覺得他沒有勇氣面對現實。

他也知道，許多人心中懷有同樣的疑問，更何況此時台下有上千雙眼睛盯著他手裡的那張紙，等著他唸出來。

赫魯雪夫沉思片刻，拿起紙條，大聲唸了一遍紙條上的內容，然後望著台下，大聲喊道：「這張紙條是誰寫的？請你馬上從座位上站起來，走上台。」

當時沒有人站起來，所有人的心跳都非常快，不知赫魯雪夫要做什麼。

寫紙條的人更是忐忑不安，心裡非常後悔剛才衝動的舉動，想著一旦自己被查出來後得面對怎樣的結局。

赫魯雪夫又重複一遍他說的話，請寫紙條的人站出來。全場仍舊一片死寂，大家都等著赫魯雪夫發怒。

但幾分鐘過去了，赫魯雪夫卻平靜地說：「好吧，我告訴你，我當時就坐在你現在坐的那個地方。」

面對著台下聽眾提出的尖銳問題，赫魯雪夫不能不講真話，但是，如果他直接承認「當時我沒有膽量批評史達林」，勢必會大大傷害自己的形象，也不合一個權威性領導人的身份。

於是，赫魯雪夫巧妙地即席創造出一個場面，藉這個眾人皆知其含義的場景，婉轉、含蓄地暗示自己的答案。這種回答既不損自己的威望，也不讓聽眾覺得不肯承認錯誤。同時，赫魯雪夫創造的這個場景，還讓所有在場者感到他是個幽默風趣、平易近人的領導者。

由赫魯雪夫的例子可知，當自己的權威遭到挑戰，嚴厲斥責對方並不是最好

的方式。

這時，採取退一步思考問題的策略，讓對方身歷其境，更可以輕鬆地化解自己的窘境。

罵人不必用髒話

如果一方退出，那麼爭吵就會很快停止，沒有雙方參加就不會有戰爭。

——塞涅卡

把嘲諷說得像奉承

當別人誇你的時候，不要得意忘形，當你遇到喜歡打種臉充胖子的人，不妨學學正話反說技巧，把嘲諷說得像奉承。

一個人不怕做錯，只怕一錯再錯；不怕做錯，只怕不肯認錯；不怕做錯，只怕不知道自己哪裡做錯！

做錯並不可怕，怕的是，根本分不清對錯，還把別人的嘲諷當成奉承。

某甲到一位剛認識的朋友家作客，一進門，就看見一名僕人端茶出來，可是這個僕人全身上下竟然不著一縷，只有兩塊瓦片串在一條繩子上，繫在腰間，一前一後剛好把下半身遮蓋住。

此情此景使某甲不禁看得目瞪口呆，主人發現客人面露驚愕神色，立刻嚴厲地斥責僕人道：「有客人來家裡，你這狗奴才竟然把這種粗厚的衣服穿出來，成何體統！快去換些輕軟的衣服來，千萬別怠慢了客人！」

僕人挨了主人斥罵，匆匆忙忙趕回房裡更衣去了。

過了一會兒，僕人再度來到廳裡替客人倒茶，只見他身上的瓦片已經解去，取而代之的是兩片荷葉，同樣用一條繩子綁著，遮掩住下半身。啊，所謂「輕軟的衣服」，原來只是兩片荷葉！

某甲裝出見怪不怪的樣子，瞥了僕人一眼，對主人奉承道：「您家真是名不虛傳的大戶人家，連僕人都打扮得這麼新潮！」

「沒的事，我們家哪裡是什麼大戶人家……」

「這您就別客氣了，光是您家的僕人，就有分粗厚的衣服，以及輕軟的衣服，連這些小事都有這麼多規矩，別的事還用說嗎？」

「呵呵，」主人聽不出客人的譏諷，笑得好不得意，還擺出一副體恤下人的表情：「這是應該的，我對待下人一向寬厚。當初僕人來到我家的時候，我們就已經言明，吃飯他得自己負責，我只管他的衣服，如果再不讓他有多一套衣服替

換，我哪裡留得住人啊？」

要認清自己的缺點確實不容易。因為，當你有一點分量時，旁邊的人只會奉承你；當你不再有分量的時候，旁邊的人就會趁機踐踏你。人生很難得到一個知己是可以忠誠地指出我們的缺點的。因此，當別人誇你的時候，不要得意忘形，更不要順著竿子往上爬，因為那些話可能充滿了言外之意。

相對的，當你遇到喜歡打種臉充胖子的人，不妨學學故事中的正話反說技巧，把嘲諷說得像奉承。

罵人不必用髒話

有時候，談話的妙處並不在於表達自己的想法，而是在引發別人的想法，讓他主動接受自己的觀點。

——拉布呂耶爾

如何讓吝嗇鬼吃悶虧？

如果你真的受夠了身邊的那些吝嗇鬼，想好好諷刺一番，那就抱著輕鬆的態度，設計一些橋段，讓對方哭笑不得。

小氣的人最大的問題不在於旁人無法從他們身上佔到一點便宜，而在於他們太會計較，別人想不跟他們計較都不行。

遇上這種人，除了把他們當成笑話，或是生活之中的調味劑，偶爾諷刺一下之外，又能如何呢？

一戶人家素來以吝嗇出名，而且名聲遠播，方圓百里之內，沒有人不知道這戶人家的小氣習性。

一次，他們家要辦一場祭祀大會，經過一陣殺價後，便委託道士幫忙，希望他多請一些神明降臨增添光彩。

道士想了一下，告訴這家主人說，這恐怕就要請京城裡面的神了。

主人聽了這麼奇怪的說法，訝異地問：「為什麼要請那麼遠的？附近的神難道就不是神了嗎？」

道士回答道：「附近的神都知道你們家是從來不請客的，就算你是真心要請祂們，我想祂們也不會相信。」

吝嗇似乎是人們不能忍受的一個大毛病。奇怪的是，一個人吝不吝嗇是他自己的事，只要他沒有佔你的便宜，吝嗇又有什麼錯？但是，真的和吝嗇的人相處過後，你很快就會發現，吝嗇還真是令人厭惡的一個壞習性。

他會為了你欠他的是一塊錢還是兩塊錢跟你吵個沒完，又會為了你借用他的一張白紙而耿耿於懷，一起唱KTV時，他甚至會為了誰唱得比較多，誰該付比較多的錢而爭論個不停。

所謂「凡事太盡，緣分早盡」，和一個太會計較的人在一起，你巴不得和他

之間的「孽緣」早早到盡頭。

吝嗇的人也許本身並沒有礙到別人，但卻顯示了他是個小鼻子小眼睛的人。

他們最令人無法忍受的不是細膩又多此一舉的行為，而是一點也不肯吃虧、完全沒有風度的表現。

如果你真的受夠了身邊的那些吝嗇鬼，想好好諷刺一番，那就抱著輕鬆的態度，設計一些讓對方會問「為什麼」的橋段，然後像故事中的道士說出「為什麼」，相信一定讓對方聽了哭笑不得。

罵人不必用髒話

談話時滔滔不絕，是一種機能失調的現象，因為它使患者收不住自己的舌頭。

——比爾斯

接受實話，才不會淪為笑話

拒絕別人的批評，同時也是排除自己進步的空間。只有學會去接納別人的實話，你才能免於淪為別人的笑話。

莎士比亞曾經在著作中提醒我們：「眼睛不能看見它自己，必須藉著反射，藉著外物的力量。」

就像外物的反射必然刺眼，別人的批評聲音也同樣是刺耳的，但是，我們必須試著去接受它，因為它往往是赤裸裸的真話。

人生有兩個重要的課題：一是認清自己是個什麼樣的人，二是學會去接納那些和自己不一樣的人。

有個人到酒鋪裡買酒，試喝了一口之後，嫌酒太酸，不願意買。誰知脾氣暴躁的老闆一氣之下，竟然拿出繩子，一下子將這個「不識貨」的傢伙吊到屋樑上。

過了不久，另一位客人路過，見到這種令人訝異的情景，便問老闆為什麼把人吊在樑柱上。

老闆說：「我這小店的酒一向品質極佳，頗受客人的讚譽，這個人卻嫌我的酒酸，你說，我是不是應該給他一點教訓？」

「這樣好了，」客人對老闆說：「不如讓我來替你們評評理，借杯酒給我試喝一下吧！」

孰料，這位客人嚐完酒後，感起眉頭對老闆說：「你還是把他放下來吧！如果說酒酸就要受到懲罰，那麼，你就把我吊上去吧！」

西諺有云：「你的美酒可能是別人的毒藥。」

同樣一件東西，吃到不同人的口中，自然會有不一樣的滋味。如人飲水，冷暖自知，你又怎麼能要求別人和你有相同的感受呢？

拒絕別人的批評，同時也是排除自己進步的空間，因此，碰到那些當面直話

直說的人，你應該心存感激才是。

最起碼，他們是當著你的面講，而不是在你背後不負責任的批評；他們說話的目的，是給你中肯的建議，而不是把你當八卦來說。

只有學會去接納別人的實話，你才能免於淪為別人的笑話。

相對的，如果你想教訓一下那些自以為是又蠻橫霸道的人，並不需要用強制的手段和對方應碰硬，不妨使用類似的方法，既從容幽對方一默，又有效地突顯對方的幼稚。

罵人不必用髒話

最具有殺傷力的話，並不是胡亂編造的假話，而是根據事實加油添醋的真話。

——馬可瑞茲

融會貫通才能活學活用

如果對方聽不進或聽不懂你的金玉良言，那麼，你也不必斥責他，最好的方式就是不管他，或是想想其他更毒辣的笑話諷刺一番。

天下事往往有利害兩面，只有讀書這件事是有利而無害。

所謂「書到用時方恨少」，讀書其實是一種最好的投資，因為它不只充實現在的生活，還可以為以後的人生帶來許多新的契機。只是，有的人天生就是書呆子，讀了一卡車的書，卻不知道該如何運用。

有個讀書人風塵僕僕地赴京應試，不料寫作文時，只見他敲著腦袋苦苦思索，久久無法下筆。

他的僕人到考場去陪考，只見考生們交完卷子以後紛紛走出考場，唯獨看不見主人的身影。

眼看天快黑了，主人不知道還在裡頭奮戰多久，心急如焚的僕人於是問別家的僕人：「你知不知道寫一篇文章，大約需要多少字？」

那名僕人回答說：「我聽我家主子說，大約不過五六百字吧！」

「五六百字有什麼難的？難道我家主人連五六百字也不認得？都已經這麼晚了還不出來！」

「你別心急，慢慢等候就是了。」另外那名僕人說：「你家主子的肚子裡豈止五六百字，只是一時湊不起來罷了！」

哲學大師培根曾經在著作裡說：「有些書只需品嚐，有些需要吞嚥，還有少數的書需要細嚼。」

遇到那些只知道死讀書的書呆子，你可以引用這個笑話，然後告訴他們：

「讀書貴在通而不在多，如果你到現在還覺得書本並不能為你帶來任何好處，那是因為你還讀得不夠深入，不懂得融會貫通。懂得融會貫通才能活學活用。即使

是最通俗的文字，也有值得我們學習的地方，畢竟，那都是我們生命領域之外的

一章：只要能夠活學活用，你的生命又可以展開新的一頁。」

如果對方聽不進或聽不懂你的金玉良言，那麼，你也不必斥責他，最好的方

式就是不管他，或是想想其他更毒辣的笑話諷刺一番。

罵人不必用髒話

罵人必須懂得明褒暗貶，必須懂得旁敲側擊，必須像殺人於咽喉處

著刀地切中被罵者的要害。

——騷塞

懂得批評的藝術，才不會讓人發怒

批評應該針對對方的行事，而非針對對方本身。這樣的批評不但無法達到勸諫的效果，反到會令對方惱羞成怒，進而會破壞彼此間的關係，不可不慎！

英國首相布萊爾曾經說過：「領導必須具備的說話藝術，在於說『不』而不是說『好』，因為說『好』太容易了。」

的確，一個高明的領導者必須具備向部屬說「不」的智慧，而且還必須在部屬犯錯時恰當批評，讓部屬心服口服地欣然接受，遵照自己的指令行事。

批評是一種藝術，領導者要做到批評別人還使對方心服口服，就要講究竅門，下面談談一些可行的批評方式。

一、請教式批評

有個人在一處禁止垂釣的水庫邊網魚，這時從遠處走來一位員警，釣魚者心想這下糟了。但員警走來後，不僅沒有大聲訓斥他，反而和氣地說：「先生，你在此洗網，下游的河水豈不被污染了嗎？」

這種請教式的批評令釣魚者十分不好意思，趕忙道歉。

二、暗示式批評

某工廠的工人小王要結婚了，主任問他：「你們的婚禮準備怎麼辦呢？」

小王不好意思地回答說：「依我的意見，婚禮簡單點就好，可是丈母娘卻說她就只有這個獨生女……」

主任說：「喔，不過我們工廠內的小玉、小靜也都是獨生女啊！」

在這段話中，雙方都用了暗示性的話語。小王的意思是婚禮得辦得豪華些，主任則暗示別人也是獨生女，但她們的婚禮還不是辦得很簡單？

三、安慰式批評

Curse without dirty language
099

年輕時期的莫泊桑曾向著名作家布耶和福樓拜請教詩歌創作，這兩位大師一邊聽莫泊桑朗讀詩作，一邊喝香檳酒。

布耶聽完後說：「你這首詩雖然不甚通順，不過我讀過更壞的詩。這首詩就像這杯香檳酒，雖不美味但還是能喝。」

這個批評雖然嚴厲，但留有餘地，仍給了對方一些安慰。

四、指出錯時也指明對

大多數的批評者往往把重點放在指出對方「錯」的地方，但卻不能清楚地指明「對」的應該怎麼做。

有人會批評別人說：「你非這樣不可嗎？」基本上這是一句廢話，因為沒有實際內容，只是純粹表示個人的不滿意罷了。

五、別忘了用「我」字

一位女性對她的同事說：「妳這套時裝過時了，真難看。」

這只能是個人的主觀意見，他人不見得能認同。

正確的表達方式，應當說明那是「我個人的看法而已，僅供參考」。這樣，別人比較能接受，也才有興趣瞭解你為何有此看法。

批評總是不動聽的，所以領導者在開口之前，最好多想想。

另外，批評應該針對對方的行事，而非針對對方本身，不然就是人身攻擊了：這樣的批評不但無法達到預期的效果，反到會令對方惱羞成怒，進而會破壞彼此間的關係，不可不慎！

有時誇獎會糟蹋一個人，再怎麼堅定的人，如果誇獎得讓他失去知覺，他也會背離正路。

——奧斯特洛夫斯基

有技巧的批評才能發揮效用

批評的目的應是讓對方了解錯誤並進行改正。因此，成功的批評應該在不損對方自尊心的情況下，使對方心甘情願地接受你的建議。

批評是一門藝術，把握得不好，藝術便會變成惹人厭的廢物，所以批評他人時得掌握好技巧。充滿幽默的批評方式就是一種成功的批評法，可以使人在輕鬆的氣氛中發現並改正自己的錯誤，這樣的批評才能發揮最大的效果。

一個成功的領導者批評屬下時，通常都能讓對方心悅誠服地接受，並且以後也很少會再犯類似的錯誤。

莫莉是卡內基的秘書，是一位漂亮又乖巧的女孩。在她眼中，卡內基是全世

界最好的上司，她說自己從來不曾聽到卡內基用刻薄的語言批評下屬。

某一次離下班還有一刻鐘的時候，莫莉就急著想回家了，但她尚未整理完卡內基第二天的演講稿，於是匆匆地處理了那些講稿後就離去了。

第二天下午，卡內基演講結束後回到辦公室時，莫莉正坐在辦公室裡看著《紐約時報》，卡內基則面帶微笑地看著她。

莫莉問：「卡內基先生，您今天的演講一定很成功吧！」

「非常成功，而且掌聲如雷！」卡內基接著面帶微笑地說：「莫莉，妳知道嗎？我今天本來是要去演講怎樣擺脫憂鬱的問題，可是當我打開講演稿讀出來的時候，全場都哄堂大笑了。」

「那一定是您講得太精采了！」

「是這樣的，我讀的是怎樣讓乳牛多產奶的一條新聞。」說著，他仍舊帶著微笑地拿出那張報紙遞到莫莉面前。

莫莉的臉頓時紅了一大半，羞愧地道歉：「是我昨天太大意了，都是我不好，讓您丟臉了吧？」

「當然沒有，這反倒給了我更多的發揮空間呢，我還得感謝妳！」卡內基依

舊露出笑容輕鬆地說。從那次以後，類似這樣的毛病就不曾再出現在莫莉身上，而莫莉也更加覺得卡內基是個和藹又寬容的好上司。

萬不得已非得批評他人的時候，可以採用幽默的方式，例如先說個笑話拉近彼此的距離，然後再進行批評，如此既能讓對方了解自己的錯誤，也不會傷了對方的心，是相當高明的批評方式。

批評的目的是為了讓對方了解錯誤並進行改正，不是對他人進行人身攻擊，因此，成功的批評應該是在不損對方自尊心的情況下，使對方心甘情願且樂意地接受你的建議，如此才能真正發揮批評的作用。

罵人不必用髒話

口中的舌頭是什麼？它是智慧寶箱的鑰匙，只要不打開，誰都不知道裡面裝的是珠寶還是雜貨。

——薩迪

如何打發光說不練的「夢想家」？

對於週遭那些光說不練的「夢想家」，要學會勇敢說「不」，拒絕他們闖入自己的心靈空間，別讓他們的「頭痛」浪費自己的生命。

生命的流程中，「今天」是最容易得到的，就像空氣和陽光與我們同在一樣，因而，沒有多少人特別關心今天自己到底有沒有認真努力，卻妄想著明天會因為自己的幻想而變得更好。遇到這樣的人，最好能閃就閃，萬一閃不了，就只能找些恰當的話快快將他打發。

小方是一個很想一舉成名，卻又很懶得動手創作的文藝青年。某次，他又興沖沖地跑到一家出版社串門子。大家一見到專門講大話的「舌頭作家」又來了，

紛紛藉故閃避這個不速之客，只有阿正閃避不及，被小方纏住。

小方滔滔不絕地對阿正說，自己打算寫一本一千頁的長篇小說。儘管阿正急於結束這次談話，幾次暗示他先把大綱擬出來再說，但是小方還是陶醉在自己的美夢之中，不斷強調自己一定會成為暢銷作家，搞不好還會繼莫言之後，成為獲得諾貝爾文學獎的華人作家。

最後，小方總算說出了結語：「能夠把自己的美好願景，和別人一起分享，感覺實在不錯，我剛開始有這個寫作構想的時候，頭痛得要命，不過，現在一點都不痛了！」

倒楣的阿正沒好氣地說：「那是當然，因為，『方莫言』先生，你已經把你的頭痛，全部轉移到我的腦袋了！」

許多人往往像故事中的小方一樣，只會用舌頭將自己的人生願景說得天花亂墜，卻從不肯腳踏實地去實踐，整天沉浸在對明天的憧憬和幻想之中，而漠視「今天」的存在。這樣的人，生命在蹉跎之中渡過，最後當然一事無成。

面對這樣的人，你可以苦口婆心勸告他：「人總是經過幾番折騰後才會大徹

大悟，懂得生命的甘苦與艱辛，珍惜與留戀當下的時光。失去的愛情可以追回，荒廢的事業可以重振，心靈的創傷可以撫平，唯有時光不會倒流，過去的將永遠成為過去。」

或者，引用英國作家史賓塞在《牧人日記》裡說的話諷刺他：「千方百計想摘下星辰的人，往往絆倒在一根稻草上。」

然後，勸他不要再用舌頭規劃自己的人生了。

對於週遭那些光說不練的「夢想家」，要學會勇敢說「不」，拒絕他們闖入自己的心靈空間，別讓他們的「頭痛」浪費自己的生命。

罵人不必用髒話

生活在幻想之中的人就像醉漢，滿口囈語，雙手顫抖，全身軟弱無力，最後一事無成。

——愛默生

04

別讓幽默
變得尖酸刻薄

尖刻的幽默很容易趨於殘忍，

譏諷、攻擊、責怪他人的幽默，雖能引人發笑，

卻常常會產生意想不到的嚴重後果，

使本來融洽的關係產生隔閡。

何必用髒話宣洩自己的情緒？

用幽默處理事情能避免衝突的發生，還能反客為主，把問題轉變成為反擊對手的輔助利器。

法國文豪巴爾札克曾經寫道：「世上所有德性高尚的聖人，都能忍受凡人的刻薄和侮辱。」

就算你不想當聖人，至少也要設法當個受歡迎的人，遇到那些言行刻薄的人，也要懂得恰當地回應，才不至於將氣氛鬧僵。

你想成為人見人愛的交往對象嗎？

那麼，就別再與人怒目相向，也不要再任由情緒隨時爆發。忍住想破口大罵的情緒，冷靜你的脾氣，在情緒高漲前提醒自己：「要微笑！」

喜歡用微笑與幽默來解決事情的人，很難不吸引人的目光。

俄國詩人普希金年輕的時候，有一天參加了一場舞會。

在會場中，他被一位美麗的女孩吸引，於是緩緩地走向女孩面前，接著禮貌地邀請女孩共舞。

未料，這個女孩滿臉傲慢地說：「不，我不能和小孩子一塊跳舞！」

被恥笑為「小孩子」的普希金，對於這個不禮貌的回應一點也不生氣。

他還是保持風度，很有禮貌地鞠了躬，接著微笑說：「對不起，親愛的小姐，我不知道您懷著孩子！」

說完，普希金便離開了。至於原本態度高傲，遭到反諷的驕傲女孩，一時間居然被這句話塞得啞口無言。

還有一次，普希金應邀到某地方演講，演說之時，忽然有個孩子走上來對他說：「普希金先生，我非常喜歡您和您的書喔！請問我可不可以用您的名字，為我的小獅子狗命名呢？」

天真孩子的童言童語登時引來哄堂大笑。當然這個孩子並無惡意，不過這樣的提問對普希金來說還是有些難堪。

於是，他笑了笑說：「孩子，我的確贊成你的意見。不過，有一件事很重要，你別忘了先問小獅子狗，看看牠對這個名字是否滿意！」

說完，現場再度響起了一陣哄堂大笑。

古羅馬思想家西塞羅論及言談的藝術時說：「玩笑與幽默會給人帶來樂趣，而且常常可以產生巨大的作用。」

從普希金的這兩則軼事，我們不難得到印證。這兩則幽默例子，不僅表現出詩人的生活睿智，更突顯他待人處事的紳士風度。

在應對女孩失禮的態度時，他的幽默嘲諷反而產生更深刻的省思作用；在面對童言無忌的提問中，那個幽默的玩笑確實輕鬆地化解了他的尷尬處境。

在這個「智」與「禮」兼顧的幽默故事中，不僅讓我們看見了用幽默來解決問題時的趣味，更讓我們明白了，原來用幽默處理事情更能避免衝突的發生，還能反客為主，把問題轉變成為反擊對手的輔助利器。

Col1: 千萬不要一不如意就用髒話宣洩自己的情緒，而是要發揮幽默感解決問題。
Col2: 培養幽默感其實並不難，只要我們從掌握個人的情緒開始，要求自己凡事都
Col3: 要冷靜處理，那麼不管什麼樣困難或尷尬的問題找上門，我們自然懂得如何用更
Col4: 有趣的角度去分析解決。
Box: 罵人不必用髒話
Then: 想讓對方接受原本不想接受的看法，最好使用對方喜歡聽的語言。
——塞巴特勒

千萬不要一不如意就用髒話宣洩自己的情緒，而是要發揮幽默感解決問題。

培養幽默感其實並不難，只要我們從掌握個人的情緒開始，要求自己凡事都要冷靜處理，那麼不管什麼樣困難或尷尬的問題找上門，我們自然懂得如何用更有趣的角度去分析解決。

罵人不必用髒話

想讓對方接受原本不想接受的看法，最好使用對方喜歡聽的語言。

——塞巴特勒

用趣味的方式改變對方的態度

不論在什麼情況下，半諷喻、半包容的幽默力量，最有治療的功效，那一點也不傷害人，反而能點出問題的癥結，讓對方改變態度。

語言是人類交流的工具，人與人之間交往和溝通，都離不開語言。語言，是我們表現自己、交流思想，並將喜怒哀樂等複雜情緒與情感傳遞出來的最佳方法。至於幽默，則是語言的精華。

想要建立良好的人際關係，或是改變對方的認知，成功地使事情朝自己期望的方向發展，非但不能口出髒話，更要用幽默的說話方式，把自己的意見滲透到別人的心裡。

面對個性迥異或一時鬧了彆扭的親情手足，有時也可以用貌似嘲笑的關懷言

語，讓對方得到一些安慰，快速地彌補差異與裂痕，縮短雙方的距離。

曾經有一對夫婦大吵一架之後，感情出現了裂縫，然而重感情的丈夫之後卻很後悔。於是，他把妻子帶到窗前，探望窗外的一幅景象，那是兩匹馬一同拖著一車乾草往山上爬的景象。

丈夫輕輕地說：「為什麼我們不能像那兩匹馬一樣？」

妻子回答說：「因為，我們兩個之中有一頭是驢子。」

丈夫聽見妻子這麼說，換了個笑臉，溫情地表達：「是的，我也這麼想，那麼我們就別再吵了，請良馬同情一下那頭可憐的驢子吧！」妻子不禁笑了一聲，兩個就這麼和好如初。

不論在什麼情況下，半諷喻、半包容的幽默力量，最有治療的功效，那一點也不傷害人，反而能點出問題的癥結，讓對方改變態度。

馬克吐溫在鄰居的圖書室裡閱覽書籍時，有一本書深深地吸引他，好學的他

便問鄰居可否借閱。

鄰居先是答應了，卻又說了個「但是」：「歡迎你隨時來此閱讀！但是，你只能在這裡看，你知道，我有個規矩，我的書不能離開我的房子。」

幾個星期之後，這位鄰居來拜訪馬克吐溫，向他借用鋤草機。馬克吐溫爽快地回答說：「當然可以，但是依我的規矩，你得在我的庭院使用它。」

就像馬克吐溫一樣，當我們想要改變別人的態度時，常常需要用趣味的方式，用善意的幽默來影響他人，以其人之道還治其人之身。想改變對方，想讓別人留下深刻的印象，就必須懂得說機智風趣的話，不能動不動就出口成「髒」。

與別人發生爭執，也千萬不要一副沒知識、沒水準的老粗模樣；要是狗嘴吐不出象牙，那就別指望說服對方。

罵人不必用髒話

不管贊成或者是反對某件事，兩種意見總是會有大量的理由。語言的藝術就在於你如何充分地表達。

——心理學家馬克・拉莫斯

不要讓幽默造成反效果

譏諷、攻擊、責怪他人的幽默，雖能引人發笑，卻常常會產生意想不到的嚴重後果，使本來融洽的關係產生隔閡。

莎士比亞曾經說過：「幽默和風趣是智慧的結晶。」

美國學者赫伯‧特魯也曾指出：「幽默是構成人的活力的重要部分，是產生創造力的源泉。」

法國作家格威更斷言：「幽默是比握手更文明的一大進步。」

魯迅先生則評論道：「一個缺乏幽默感的民族，往往是一個災難深重的民族、一個不幸的民族。」

誠然，幽默是美麗而神奇的東西，它可以成為人與人之間的潤滑劑，除去人

們心中的壓力，給人們輕鬆歡愉的心情，爲紛亂爭鬥的世界披上一層柔和的玫瑰色彩，爲嚴寒的冬天帶來一股暖流。

但是，任何幽默在社會心理上的價值，並不意味著它的普遍性，幽默的社會功能和文化功用，也不是指它具備了萬能的效應。

因爲它是一朵帶刺的玫瑰，任何不耐煩、莽撞都有可能使你飽嘗苦果，因而幽默雖好，但卻不要用來揭人傷疤，或者說，不要在別人傷口上撒鹽。

對於某些人，我們常常覺得可笑又可憐，因而總是想譏刺他們，卻又必須諒解與寬恕他們，這種內在的矛盾，便造就了幽默語言的暗示性和閃爍性。

但是，譏諷性的幽默有著嚴重負效應，因此，使用幽默進行批評性言談的時候，就要反覆地嚴格推敲，不要讓人產生一種被嘲笑的感覺。

曾經有個高級飯店的服務員，總是不愛刮鬍子，雖然大家經常提醒他，他仍然積習難改。

有一天，經理找他談話，等他一進辦公室，經理劈頭就這樣問：「小宋，你想一想，你身上最鋒利的是什麼東西呀？」

小宋愣了一下，掏出水果刀，說道：「可能就是這把水果刀了。」

經理搖頭，說：「不見得，我看應該是你的鬍子。」

小宋不解地問，「為什麼？」

「因為它的穿透力特別強。」

小宋醒悟過來後，氣得滿面通紅。

還有位地理老師，在講到西南地區的岩溶地形時，形容鐘乳石的形狀時，突發奇想地說：「如果大家不太清楚什麼是鐘乳石，那你們應該知道女性乳房是什麼樣子，它為什麼叫鐘乳石，就因為像女性的乳頭。」

此語一出，真是語驚四座，女生們感到無地自容，而調皮的男生們則大呼小叫起來。

最後，這件事被人檢舉到校長那兒，這位地理老師受到了嚴厲批評，並且向同學們道歉了事。

幽默若不能為人們帶來歡娛和快樂，反而帶來不悅和痛苦，這便成了一件遺

憾的事，同時也犯了幽默的大忌。

就像這位老師，以為自己發揮了幽默感，沒想到結果卻令自己狼狽不堪，從而威信掃地，不是很冤枉嗎？

罵人不必用髒話

最狡猾的謊言，會在最單純的事實之前無地自容。

——台奧多爾·蒙森

別讓幽默變得尖酸刻薄

尖刻的幽默雖能引人發笑，卻常常會產生意想不到的嚴重後果，使本來融洽的關係產生隔閡。

很多學者都認為，幽默是在社會生活的基礎上而產生，不是飄浮在空中的幻影；幽默的存在，表現了人們多方面的社會功利需要，包括懲惡除暴，調解糾紛，溝通內心世界……正因為如此，使得幽默自然地要和諷刺、嘲笑、揭露和調侃聯繫在一起。

但是，千萬別忘了，不管幽默是基於善意的諷刺、溫和的嘲弄或嬉笑，仍然得經過一番思慮才是。

幽默可以減弱批評別人之時的針鋒相對，透過誘導式的意會，讓對方明白自

己的真正意思。

　　有個靠房地產業致富的紐約巨商，碰巧遇見了大作家海明威，非要他簽名留念不可。

　　海明威對這個俗不可耐的爆發戶相當不屑，於是用手杖在沙上寫下了自己的名字，接著說：「請您收下我的簽名吧！」

　　魯迅先生也曾說過類似的笑話，譏諷那些現實勢利的小人。

　　有個很窮的乞丐，很喜歡在人前誇耀他與富人的交往。

　　有一次，他從外面吃飯回來，很高興地對大家說，今天那位遠近馳名的富人跟他說話了。

　　大家也都奇怪，那麼趾高氣揚的人，怎麼會和一個乞丐說話打交道呢？

　　於是，有人便問他：「那他跟你說了些什麼？」

　　乞丐很得意地說：「當我一大早走進他的宅子，向他討幾個錢的時候，他對我說：『滾出去』！」

話才說完，立即引來哄堂大笑。

魯迅慣用的嘲諷，是用於諷刺那些趨炎附勢的小人，而不是對一般的人。

在我們的日常生活中，諷刺他人需經過理智的考慮，因為尖刻的幽默很容易趨於殘忍，使人受到傷害、產生焦慮。

譏諷、攻擊、責怪他人的幽默，雖能引人發笑，卻常常會產生意想不到的嚴重後果，使本來融洽的關係產生隔閡。

罵人不必用髒話

在交談當中，有的人用些陳腔濫調折磨著每一個賓客，不讓自己的舌頭休息片刻，卻自以為是學識淵博。

——斯威夫特

用同理心動搖別人的心

要用同理心動搖對方的心，別只想透過強硬的理論或證據逼使對方同意自己的觀點，否則不但無法達到說服的目的，還可能使談判破局。

人際之間的黏合劑是感情，人與人交往時，要說服人最有力的武器也是感情。所以，在勸說的過程中，要想說服對方，就應該先在感情上征服他。

想說別人之時不要急躁，關鍵之處是要贏得他的心，而不是和他比智力，如此，你便有可能使他贊同你的觀點。

有一位梅公，在固安縣做縣令。固安有許多顯貴的豪族和官宦後裔，根本不把小小的縣令放在眼裡，稍有摩擦，便和縣令當面爭執，不過梅公總是心平氣和

地對待這些人。

後來，有個貴族拿著豬蹄來拜訪梅公，要求他為自己要債。梅公一口答應，隨即烹豬蹄擺酒席，還派人召集債務人來聽候發落。債務人來到後，都說自己太貧困無法還債。梅公喝斥道：「你們瞎了狗眼嗎？貴族的債哪能拖欠啊？你們竟敢以貧困為藉口拒不還債，聽著！不論是誰，今天都得還債，誰敢拖延，就準備死於刑杖之下吧！」

梅公指桑罵槐訓斥一頓之後，債務人都一個個哭泣著離去，那名貴族見狀，心裡有些不是滋味。

接著，梅公又找了一位債務人，對他說：「我當然知道你很窮，但是欠債還錢是天經地義的事，你快把老婆孩子賣了，然後拿著銀子來見我吧！不過，我身為地方父母官，怎忍心讓你妻離子散呢？所以就寬限你一天吧！今夜，你回家和妻子兒女告別，明天就狠下心把他們賣了吧！」

這名債務人聽了這話，更加悲痛、哭泣不已。那個貴族也傷心地落下了眼淚，對梅公說：「算了，我不要他們還債了！」並當場焚毀了債券。從此以後，那些豪門顯貴們討債時，都知道要寬大地對待債務人了。

若是梅公以理來說服貴族，或是痛罵他們為富不仁，可能不但無法成功幫助那些債務人，反而還會得罪那位顯貴。但是，梅公聰明地從情感上下手，先「正話反說」，讓貴族有同理心、了解負債者的痛苦，進而使貴族了解到自己應該寬大地對待欠債的人，這正是善用「情感」說服人的成果。

同樣的道理，我們在勸說過程中，也要善用同理心動搖對方的心，別只想透過強硬的理論或證據逼使對方同意自己的觀點。否則不但無法達到說服的目的，對方一怒之下，還可能使談判破局，那時可就後悔莫及了。

罵人不必用髒話

不要相信以德報怨之類的傻話，敵人是絕對不會變成朋友的，就像仇人是絕對不會變成情人。

——尤里·留利柯夫

消除對方的「心結石」

要駁斥對手的惡言惡語，聰明的人不會用硬碰硬的方式解決問題，而會發揮創意，用機智幽默的言語來達成自己的目的。

人的身體除了可能會有膽結石、腎結石之外，應該還會有「心結石」。所以，在人際交往的過程中，如果感到有人對自己有成見，而這個人對整件事又至關重要的話，就要先想辦法瞭解對方心中到底在想些什麼。

放任不管或冷漠以對，絕不是好辦法，要針對問題挑明解說，讓對方有重新思考的機會，如果對方能想得通，心裡的「結石」自然就會溶解！

甘迺迪競選美國總統時，許多民眾雖然頗為欣賞他的聰明才幹，但是心中還

是存有一些疑慮。

首先，他似乎太年輕了，美國歷史上還沒有這麼年輕的人當總統；其次是他的宗教信仰，甘迺迪是天主教徒，但當時天主教徒只佔美國公民的十分之一，民眾害怕甘迺迪當上總統後，會對人民的宗教信仰自由有所影響。

甘迺迪深知民眾心中的這些疑慮，不過，他不但不迴避這些問題，反而針對大家心中的疑慮一一做了說明。

例如，當競選對手譏諷他過於年輕，透過媒體攻擊他：「要當總統，總得有幾根白頭髮吧？」

甘迺迪提出的回應是：「頭髮下面有沒有東西！」

他又對自己的宗教信仰問題做了說明：「就是因為天主教徒是美國的少數公民，所以如果我選上了總統，就代表這個國家尊重少數公民，以後黑人、黃種人和其他少數信仰不同宗教的人都可以當總統了。」

甘迺迪所做的解釋不但一掃大家心中的疑慮，甚至還因此奠定了少數公民的

票源，最後順利當選總統。

所以，如果知道別人腦袋裡有錯誤的思想、對自己有成見，就該像捉蟲子似地將它揪出來，如果姑息，那就是害了他，彼此的關係也不會改善。

不過，捉蟲子也要有技巧，像小蟲子跑進耳朵時，只要用燈照一照，蟲子就會自己跑出來，如果硬去摳耳朵，蟲子反而會越跑越裡面。

相同的道理，要駁斥對手的惡言惡語，爭取別人認同，千萬不能硬「摳」。

聰明的人不會用硬碰硬的方式解決問題，而會發揮創意，用機智幽默的言語來達成自己的目的。

罵人不必用髒話

一個人既不可以相信自己的話，更不可以相信別人的話，應該只相信自己的行動和別人的行動。

——托爾斯泰

適合自己的，就是最好的

每種幽默形式都有優點和缺點，運用時得先衡量自己的優缺點，然後再從眾多幽默形式中，選出最適合自己的加以發揮。

許多人都意識到幽默的重要性，特別是在表達個人想法的問題上，適度發揮幽默有助於推銷自己。

一般說來，想表達個人看法的時候，無論是面對一個人還是面對一大群人，人大都希望透過幽默的方式，將自己的觀點更確切、有效地表達出來，爭取別人的認可和支持。

但是，許多人在這方面還缺少應有的自信心，有些人認為自己不善於說笑話或講有趣的故事，不會把幽默與自己的觀點融合在一起。要解決這一障礙，關鍵

在於多學多練、大膽嘗試。

一開始運用幽默技巧時，不必要求過高，不必非得企求造成強烈的說服力與感染力，同時要明白，並非只有透過笑話才能表達幽默。

一般而言，一個完整的笑話要有人物、地點、時間，有令人發笑的情節，最後有個令人深思結尾。

不能否認，這樣完整的笑話確是表達幽默的一種極佳手法，但是，不要忘記還有許多更為簡潔的幽默，例如俏皮話、雙關語、警句等等。它們可能屬於笑話，也可能不屬於笑話，但都是幽默的形式之一。

雖然笑話是個傳達幽默的方式，但非絕對必要，況且那種只靠講笑話引人發笑的效果也不一定很好，因為有時會顯得過於膚淺，無法給人更深刻的感覺，對方也不一定理解。

畢竟，每種幽默形式都有它的優點和缺點，因此在運用時，得先衡量自己的狀況，衡量自己的優缺點，然後再從中選出最適合自己的加以發揮。

有一次，名作家布萊特因故迫不得已要辭退某個僕人，並幫他寫了封推薦信，

然後對他說：「我在信中說你是個誠實的人，並且忠於職守，但是我不能寫你是個清醒冷靜的人。」

那個僕人說道：「拜託，您難道就不能寫我是『經常』清醒的人嗎？」

有個拳擊手在比賽中重重地挨了幾拳，立時頭昏眼花、腳步不穩，面對台下的噓聲，幽默地說：「別噓他，我這個樣子必定把他嚇壞了，他現在一定很害怕，怕打死我。」

有位演說家在講到喝酒的害處之時，不禁喊道：「我看應當把酒統統扔到海底！」

聽眾之中有個人大聲說：「我贊成。」

演說家一聽更加激動，「先生，恭喜你，我想你已深深明白今天這場演講的旨意。請問你從事什麼工作？」

「我是深海潛水夫！」

那名觀眾一回答，登時引起哄堂大笑。

在以上三個例子中，最後都達到幽默、令人發笑的效果，但這三個例子並非運用說笑話的方式，而是依據當時情境，以一兩句幽默語言達到「笑」果。

由此可見，要發揮幽默，運用何種形式或方法並不是重點，重點在於該方法是否切合當下情境、是否符合個人特質。唯有符合這兩點之後，才能將幽默發揮到盡善盡美。

罵人不必用髒話

歷史上的那些偉人都擁有兩個與眾不同的器官，那就是一張始終不露聲色的臉孔和一個永不守信用的舌頭。

——斯威夫特

不能開罵，就試著說好話

不能開罵的時候，如果你能說些對方愛聽的好話，委婉地把事情帶往好的方面，既能達到批評的目的，也可以替自己省下一些麻煩。

戴爾‧卡耐基曾經提醒我們：「如果你想要別人接受他們不想接受的意見，只需將這些意見包裝在他們喜歡聽的話語之中。」

只要是人，都喜歡聽悅耳順心的話，只要滿足了自己的虛榮，就不會去思索和判斷這些順心悅耳的話語之中，到底藏著什麼玄機。想要解決問題，與其和對方爭得臉紅脖子粗，倒不如換個方式，順著對方的邏輯說些好話？

明太祖朱元璋在爭霸天下之時，有次從夢中醒來，氣急敗壞地吩咐部下，立

即把捉來的俘虜全部都殺了。不為什麼，只因為他做了一個奇怪的夢，夢到那些被細綁的俘虜，全都擠到一間又矮又小的牢房裡。

他對軍師劉伯溫說：「所謂夢反為吉，夢正為凶，那牢房不正表示我的土地會越來越小，而俘虜們往裡面擠，不正表示他們都會逃跑嗎？既然他們對我有敵意，乾脆先將他們殺了，以除後患。」

劉伯溫一聽，知道若是濫殺無辜，將從此不得民心，但是直言規勸也只是徒費唇舌，搞不好還會惹禍上身，於是靈機一動，高興地對朱元璋說：「主上，此夢乃大吉大利之夢啊！」

朱元璋不解地說：「何以見得？」

劉伯溫說：「如果夢正為凶，夢反為吉，那便表示擠入牢房裡的囚犯，將會是守法的百姓，而窄小的牢房正是廣闊的國土，至於那些被細綁的俘虜，則表示他們將會歸順，這不正是大吉之夢嗎？」

劉伯溫說得頭頭是道，朱元璋自是龍心大悅，頻頻點頭。

從劉伯溫與朱元璋不同的解夢角度，我們可以看出不同的人性，也可以理解

「見什麼人說什麼話」的重要性。一向以灰暗面看待人生的朱元璋，與劉伯溫所解讀的夢境，自然大不相同，幸運的是，因為劉伯溫明白朱元璋取得天下的企圖，巧妙地依照他的性情解夢，總算免去了一場血腥殺戮。

我們可以將夢的吉凶，依個人的希望而做不同的詮釋，就像許多人求神問卜的心態一樣，他們所期待的，只不過是希望能得到符合內心需求的認同，與其苦水婆心地勸他們不要迷信，何不順水推舟說些悅耳動聽的話語？

不能開罵的時候，就只能試著說說好話。如果你能說些對方愛聽的好話，委婉地把事情帶往好的方面，既能達到目的，也可以替自己省下一些麻煩。

罵人不必用髒話

不要害怕敵人，他頂多把你殺死；不要害怕朋友，他頂多把你出賣。害怕的是冷漠無情的人，世界上所有的叛賣和謀殺，都是出於他的默許。

——雅辛斯基

如何應付難纏的小人

和小人相處，雖然我們要顧及他們的好面子感受，可以不必刻意地與他們劃清界線，但是與他們絕對要保持一定的距離。

現實生活中，有人真的可以做到「宰相肚裡能撐船」，有的人卻完全相反，連芝麻大的小事也會記恨在心，長久難以釋懷。

在人際交往中，我們經常會不自覺地得罪這類心胸狹窄的「小人」，而且有時候得罪了人，自己卻還不知道，於是我們便要有心理準備，因為這些人不但「不忘舊惡」，而且會耿耿於懷地找機會加倍報復，以消心頭之恨。

也因此，想對待這種難纏的小人，如果採用強硬的責罵辦法，往往吃力不討好的，有時還會激起彼此的對立和仇恨，有害而無益。我們只能巧妙地順應時

勢，來化解這類的衝突，並達到解決的目標。

宋仁宗時，文彥博受命出任成都知州。有一天，天空下起鵝毛大雪，文彥博在知州府裡大擺宴席，宴請好友及同僚，待在外面的隨從卻牢騷滿腹。

其中，有位隨從忍不住嚷道：「你看他們在裡頭享受舒服，吃著山珍海味，喝著好酒，我們卻得外頭受罪，不如我們把井邊的亭子拆下來，燒火取暖吧！」

這時，有位隨從阻止說：「這裡是知州府，如果我們把亭子拆了，大人肯定要追究我們的。」

然而，這位膽大的隨從卻說：「怕什麼，他走出來怪我們更好，我要讓他看看大伙現在凍成什麼樣，哼，他們只顧著自己吃喝玩樂，我們還沒責怪他呢！」

說完，他就帶頭拆起知州府內的亭子。

他這一動手，別的隨從也跟著拆了起來，不一會兒工夫，一座好好的亭子便被拆得七零八落。大家把拆下來的木材堆在一起，點了火，還讓火勢猛烈地燃燒。

這時，有位軍官發現隨從居然把亭子拆掉，連忙跑去向文彥博報告，驚動了在座的賓客們。

文彥博雖然非得生氣，但是轉念間又想到：「如果這時我衝出去懲治那些搗亂的隨從，不僅擾亂了酒宴氣氛，更要讓來賓們受驚，那往後不是顏面盡失？該如何圓滿地處理這件事呢？」

於是，他平心靜氣地說：「天氣也真的太冷了，一個亭子算什麼，就隨他們拆來取暖吧！明天我再請工匠重建即可！」說完，他繼續笑容滿面地端起酒杯，若無其事地對各位來賓們說：「來來來，大家繼續喝酒。」

賓客們見文彥博如此不慌不忙、鎮定自若，懸起的一顆心才放了下來，繼續端起酒杯，開心飲酒。

另一方面，外面的隨從們一直等著知州大人出面訓斥，好有藉口大鬧一場，出出怨氣。但是，他們怎麼也沒有料到，文彥博如此沉得住氣，眾隨從發見沒有了鬧事的藉口，個個都有點洩氣，只好繼續在寒風中守衛。

文彥博能審時度勢，免除了一場可能出現的聚眾鬧事。

就像那個心胸狹隘的隨從，小人往往抱著仇恨與對立的心態，恨不得造成社會秩序的混亂，因此，不論何時，我們都應當理性面對這種人，不要受他們的蠱

惑，讓自己的情緒失控了。

嫉惡如仇雖然可以表現出正義，但是在如此紛雜的社會裡，這樣做不但不能保身，反而正中小人下懷，更有藉口對你展開攻擊，這些攻擊是許多小人的伎倆，讓你防不勝防。

也許你並不怕他們的伺機報復，或許他們也奈何不了你，但是你必須很清楚地認識，小人之所以是小人，是因為他們始終在暗處、背地裡，使用手段始終都是卑鄙下流的，而且還會糾纏不休，沒有得逞，絕不輕易罷手。所以，和小人相處，一定要顧及他們的好面子感受，千萬不要當面斥責他們。

罵人不必用髒話

每個人都在暗地裡褒貶對方，並且用自己的標準衡量對方。

——托爾斯泰

05

想前進一尺，
有時必須先後退一步

日本作家扇谷正造說：
「世界上最聰明的人，就是懂得使用聰明人的人，
使世界上的知識為自己所用。」

用「誇獎的好話」開罵

最高明的罵人方式就是不帶任何髒字，但所說的話卻比髒話還要毒，關鍵在於你是否懂得用「誇獎的好話」來罵人。

英國作家毛姆說：「如果每個人都發現自己愚蠢到什麼程度的話，世上將有一半的人寧願自殺。」

大多數人的生命之所以膚淺、卑微，就在於他們只知道抄襲剽竊，對自己的生命所下的功夫太淺薄。

他們無法歡呼收割，是因為他們播撒在心田的種籽原本就不多，而且大多是從別人那裡偷來的、快腐爛的種籽。

有一天，上作文課的時候，熱愛文藝創作的國文老師，要全班同學先利用第

一堂課，各寫一首新詩，然後在第二堂課輪番朗誦。

到了第二堂課，大家開始朗誦自己的作品，但是，由於大部分的作品都寫

得不好，老師聽得連連搖頭。

意外的是，輪到平常作文寫得最爛的小明朗誦的時候，老師卻面露微笑，

頻頻點頭。看到這樣的讚賞，小明心裡十分得意，便擺出誇張的肢體動作，賣

力朗誦自己的詩作。

小明朗誦完後，老師突然步下講台，朝小明的座位走去。

小明一心以為老師特地要當著全班同學面前誇獎他，誰知，老師走到他面前，

竟然伸出右手，對小明說：「幸會幸會，徐志摩先生，您不是幾十年前就墜機去

世了嗎？到底是什麼時候投胎轉世的？」

．

一個人如果不懂得為自己的人生打好基礎，就會專靠抄襲得過且過，而且不

知藏拙，硬要用剽竊來的東西裝飾自己。

這樣的人，等於將「草包」兩個大字寫在臉上，不論走到哪裡，都將淪為別

人茶餘飯後的笑料。

人生是個心智成長過程，不曾用心為自己培養智力、能力的人，不但難以應付目前的事物，更無法因應時空環境的劇烈變化，注定要在人生路途中跌跌撞撞，一敗再敗！

遇到這種把草包寫在臉上的人，最好的方式就是用「誇獎的好話」進行諷刺，讓他樂陶陶地從雲端摔下來。

最高明的罵人方式就是不帶任何髒字，但所說的話卻比髒話還要毒。想到達這個境界，關鍵在於你是否懂得用「誇獎的好話」來罵人。

罵人不必用髒話

有些人的腦袋，就像他們的帽子一樣，很容易就被風吹走。

——佚名

把對方罵得無言以對

用輕鬆的方式諷刺，將自己見到的景況，用另一種方式加以描述。只要反應敏捷，通常就可以罵得對方無言以對。

俄國諷刺小說家克雷洛夫在提及罵人的技巧時，曾經幽默地說過：「語言就像是一把剃刀，最鋒利的剃刀會幫你把臉刮得最乾淨，不過，你必須做到靈活地運用這把剃刀。」

對於蠻橫無理的人，不要一味強調自己的立場，應該避開雙方相持不下的情況，為自己找到了絕佳的出口。

懂得以巧妙的迂迴戰術避實就虛，用對方的邏輯來打敗對方，正是聰明人獲得勝利的重要關鍵。

小段是一個吃人不吐骨頭的超級大奸商，專幹拐人、騙人、坑人的勾當，靠著卑劣的手段，累聚大筆不義之財。

有一天，小段在市中心閒逛，看中了一棟新蓋好的豪華大樓，便打算租下來當作企業總部，強化自己的「門面」，經過幾次討價還價後，終於租了下來。

小段為了詐得更多錢財，刻意把企業總部裝修得富麗堂皇，此外，為了讓全體員工每天上班的時候，都能瞻仰自己的英姿，更找來一個畫家，打算為自己畫一幅全身畫像，掛在大門口。

這位畫家在作畫時，請小段露出笑容，擺一個自然的姿勢，小段便嘴角斜揚，並習慣性地把右手插進褲子的口袋裡。

這時，湊巧有一個廠商聞訊，趕來找小段催討積欠的貨款。誰知，小段到債主上門竟恬不知恥地揮揮手說：「錢的事情待會兒再談嘛，你先看看我擺的這個姿勢怎麼樣！」

這個廠商看了看小段，又看了看畫像，諷刺地說：「嗯，倒是畫得不錯，但是，如果這位畫家能把你的手，畫成插在別人的口袋裡，那就更加傳神了！」

拿破崙曾說：「世界上有兩根槓桿可以驅使人們行動，一是利益，一是恐懼。」

這是因為利益使人不顧臉皮，無所不用其極；恐懼使人一味盲從，無法掌握成功的契機。

現代人所謂的「競爭」，其實是認定了生活週遭的每一個人，都是威脅到自己生存的敵人；所謂的「成功」，就是像故事中的小段，無所不用其極地把自己的手伸進別人的口袋，意圖掏空裡頭所有的錢財，然後據為己有。

現代人一味地把「搶奪」視為終極目的，進行一次又一次的盲目爭奪，然後以此論定優劣與勝敗；很少人會靜下心來，認真地思索在「利益」與「恐懼」這兩個槓桿驅使下，自己千方百計搶到的東西，究竟是鑽石還是糞土。

這種爭先恐後的心態，使現代人流露出原始的獸性，而越來越沒智慧變得越來越勢利、浮躁、淺薄，完全忽略了自己到底為何要為了一些蠅頭小利，參與這些赤裸裸的「競爭」？

要批評這種唯利是圖的小人，必須具備一些幽默感，用輕鬆的方式諷刺，才不會氣壞自己的身體。

你可以像故事中的廠商，將自己見到的景況，用另一種方式加以描述。只要反應敏捷，通常就可以罵得對方無言以對。

罵人不必用髒話

能以最小的風力駕駛，從最大的阻力中取得動力，才是最優秀的水手。

——梭羅

我就是要用錢罵死你！

培根在《人生智慧》中說：「報復無非說明一個人和他的仇敵一般見識，如果寬容不加計較，這就使他高於自己的對手。」

世間的每個人都是獨立的個體，也擁有各自的思想和行為模式，因此，面對不盡如己意的景況，希臘詩人荷馬曾經勸告我們說：「把你激動的心情按捺下去，因為溫和的方式最適宜；還要遠離那些劇烈的競爭。」

不管在日常生活或是工作場合，千萬不要只想到突顯自己而不考慮別人，這是維持良好人際關係最重要的準則。

不尊重別人感受與立場的人，不管擁有如何高深的學識，最終只會引起別人的討厭與嫌惡，很難達到有效溝通的目的。

小郭因為朋友捲入一樁刑事案件，而被法官列為重要證人，傳喚他必須在星期一下午出庭作證。

為此，星期一當天，小郭特地向公司請了半天假前去法院報到，誰知當天承辦該案的這名法官，審理的案件相當多，時間一分一秒地過去，法官卻始終沒訊問他。

好不容易等到了黃昏時候，法官終於點了他的名字，卻對他說道：「對不起，郭先生，我們的下班時間到了，請你明天下午再來吧。」

小郭很生氣地大叫：「哪有這樣的事！我為了出庭作證，足足等了一個下午耶！你們當法官的，跟那些專門打混摸魚的公務員一樣，一點效率都沒有！」

累了一個下午的法官聽了這番話，不禁大發雷霆說道：「你在法院態度竟然這麼惡劣，我就先判你藐視法庭，罰鍰一百銀元！」

小郭聽了二話不說，馬上掏出皮夾數數裡頭的鈔票。這時，法官有點後悔自己因為工作繁重，說話太過衝動，於是口氣和緩地對他說：「別急，等你收到判決書再繳。」

言下之意是他不一定會寄出判決書。

豈知，小郭抬頭看了法官一眼，不屑地回答說：「我是在算皮包裡的錢，總共還可以再罵你幾句？」

培根在《人生智慧》中說：「報復無非說明一個人和他的仇敵一般見識，如果寬容不加計較，這就使他高於自己的對手。」

講述自己的情況時，要儘量保持態度上的和緩，維護對方的尊嚴，給他們「面子」，有時會收到意想不到的效果。

就像故事中的小郭，如果他和顏悅色告訴法官，自己為了出庭作證特地請假，而且足等了一個下午，相信法官再累也會加班審理案件。

相對的，故事中的法官如果不因為工作繁重而大發雷霆，那麼，也不會遭到小郭進一步的羞辱。

即使對方是非常固執、非常難纏的人，只要你以溫和的態度去面對，也會使他們解除敵意。

倘使你肯替別人預留轉圜的空間，相信多數人也會儘量通融，做出你期望他

們做的事。其實，人與人之相處，只要多留意一下自己應對進退的態度，就會影響別人的磁場，從而使雙方都心平氣和去看待問題。

千萬別一開始就抱著「以牙還牙」的態度，面對讓你生氣的人。因為，這種對立態度只會使事情越鬧越僵，對彼此都沒有絲毫益處。

罵人不必用髒話

沒有什麼人比那些不能容忍別人錯誤的人，更經常犯下錯誤。

——拉羅什富科

你可以用現金謝謝我！

只會裝腔作勢，又狗眼看人低的人，是社會上最不受歡迎的人。面對這種人，最好的方式就是告訴他：「你可以用現金謝謝我！」

以事實為基礎進行衍伸的諷刺，是最高明的罵人方法，不僅可以達到「罵人不必用髒話」的效果，更讓當事人找不到反駁的著力點。

不過，使用這種方法必須留意，因為有些愛面子的人聽了這樣的諷刺，極可能會惱羞成怒，暴跳如雷。

小張分期付款買了一部ＢＭＷ新車，趁著假日神情愉快地開車到花蓮去玩，由於對路況並不熟悉，又愛開快車，竟然在一個大轉彎路段，衝進路旁農田裡。

小張狼狽地從車裡爬了出來，幸虧沒有受傷，只是愛車正四腳朝天地躺在稻田裡，讓他既心疼，又不知該如何是好。這時，幾個在附近種田的原住民青年聽到聲響，連忙趕了過來，熱心地合力將車子翻正，然後用拼裝車將小張的愛車拖出農田。

當大家費盡九牛二虎之力，在稻田裡推車的時候，小張卻擔心自己的名牌衣服、鞋子會被泥土弄髒，像個局外人似的站在一旁吆喝。直到大家把他的車子拖到大馬路旁，他才虛情假意地裝出一副很感激的模樣：「非常感激你們幫忙，我真不知道該怎麼謝謝你們才好！」

這時，一個原住民青年看不過去，猛地冒出一句：「喔，事情沒那麼嚴重的啦，不管現金或是支票，我們都收的啦。」

話一說完，在場的人莫不捧腹大笑，只有小張一臉尷尬，哭笑不得。

日本經營之神松下幸之助曾說：「如果把勤勉努力去掉，那麼一個人所剩幾何？人有所期待的時候，更需要勤勉努力；這是人生的一大原則。」

好高騖遠的人通常都是「動口不動手」的懶惰蟲，特徵是害怕吃苦，好逸惡

勞，只貪圖物質享受。

這種人就有如故事中的小張，打從心裡就瞧不起那些幫他推車、拖車的原住

民青年，也打從心裡不想做自己應該做的事，因此，連自己的愛車掉進田裡，也

像局外人一樣袖手旁觀，深怕弄髒自己的雙手，弄髒自己的衣褲。

像這種只會裝腔作勢，又狗眼看人低的人，是社會上最不受歡迎的人。

人都渴望獲得別人的幫助，但是這種人只會「動口不動手」，等別人幫忙完

才虛情假意地說：「真不知道該怎麼謝謝你才好！」

面對這種人，最好的方式就是告訴他：「你可以用現金謝我！」

罵人不必用髒話

卑劣的人在有所需求的時候所做的誓言，一旦脫離了險境，就會忘

得一乾二淨。

——古希臘哲人德謨克利特

說話藝術是人際潤滑劑

口才代表一個人的自信心，也代表了一個人的思想、智慧，表現出一個人的人格特質，也是人際關係的潤滑劑。

《聖經》有句話說：「一句話說得合宜，就如金蘋果在銀網子裡。」

絕妙的說話藝術為人鑄造了一顆金蘋果，但是金蘋果會不會落在銀網子裡，還得看聽話的人是什麼材質。說話的最大技巧，便在於先培養「銀網子」的聽話藝術。說話不只是說好話，還得說別人聽得進去的好話！

有一次，一位才思敏捷的牧師進行了一場非常精彩的佈道，說道：「人類是上帝所創造最完美的作品，在座的每個人都是從天而降的天使，你我都是上帝眷

顧的寶貝。因此，活在這個世上，大家要肯定自我的價值，善用上帝給予的獨特恩賜，去發揮自己最大的力量。」

聽眾當中有人不服牧師的說法，站起身來，指著自己不滿意的塌鼻子，質問牧師說：「牧師先生，如果真像你所說的，人是從天而降的完美天使，請問我的鼻子為什麼會這麼塌呢？」

另一位嫌自己腿短的女孩也起身表示相同的意見，認為自己的短腿應該不是上帝完美的創造，又何來天使之說呢？

台下議論紛紛，只見牧師神態自若地回答：「上帝的創造是完美的，而你們兩人也絕對是從天而降的天使，只不過……」

隨即，牧師指了指那名塌鼻子的聽眾，對他說道：「你在降落到地上時，讓鼻子先著地罷了！」

接著，牧師又指一指那位嫌自己腿太短的女孩：「至於妳，雖然是用腳著地，可是卻在從天而降的過程中，忘了打開降落傘。」

英國思想家培根曾經說過：「用適當的話語和別人進行交談，遠比言詞優

美、條理井然更為重要。」

口才代表一個人的自信心，也代表了一個人的思想、智慧，表現出一個人的人格特質，更是人際關係的潤滑劑，藉由三言兩語，你可以實現自我，也可以把它轉爲解決問題的工具。

再精深再博大的學問，都不如說話的藝術來得有用！

口才，進而揚眉吐氣，你的人生是彩色的；口才不好，人微言輕，就會活得忍氣吞聲，人生只是黑白。

說話是種藝術，我們總覺得自己做得還不夠好、不夠精練、不夠傳神，但正因爲它是一門藝術，它永遠都有可以改進之處。

罵人不必用髒話

沒有一把利劍是單刃的，每把劍都有雙刃，一邊傷了別人，另一邊就傷了自己。

——雨果《悲慘世界》

想前進一尺，有時必須先後退一步

美國自然主義作家愛默生曾經如此說過：「任何限制我們能力的東西，我們稱為『命運』。」

但是，一個成功的人，除了自己要有本事之外，最重要的是必須要臉皮夠厚，也就是不要因為別人的嘲笑和異樣眼光，就放棄原本的目標，如此，才能夠不瞻前顧後，做一個扭轉自己命運的主人。

見人說人話，見鬼說鬼話，是任何成功大人物必備的一項特異功能，因為，如果他們沒有一個能夠見風轉舵的舌頭，又如何能說出一番動聽的話語，讓別人

瞬間軟化立場呢？

美國著名的政治家霍普金斯，從政之前是個優秀的學者，三十歲那年就獲得殊榮，受聘擔任芝加哥大學的校長。

許多資深教授和學校職員對於這項人事案心中相當不滿，紛紛質疑霍普金斯那麼年輕，是不是能勝任大學校長的職位。

霍普金斯明白眾人心中的懷疑和猜忌，也知道自己想更上層樓，就必須化解眼前這些阻力。於是，他在就任典禮上謙虛而且相當感性地對在場與會人員說：

「像我這樣一個三十歲的年輕人，所見所聞是那麼淺薄，需要仰賴各位前輩幫忙的地方，實在太多太多了。」

霍普金斯短短的一番話，使那些原來嫉妒、懷疑他的人，緊繃的情緒一下子就放鬆了，認為他是一個虛懷若谷的年輕人，心中的敵意隨即消弭於無形。

日本作家扇谷正造說：「世界上最聰明的人，就是懂得使用聰明人的人，使世界上的知識為自己所用。」

像霍普金斯這樣以退爲進的謀略，一般人很難理解箇中的奧妙，因此大多不願適時地加以採用。許多人遇到了這種情況，往往喜歡表現得自己比別人高明、強大，或者極力想證明自己確實是有特殊才幹的人才，然而，結果往往適得其反，徒然加深雙方的心結。

想要提昇自己的處世競爭力，做人做事一定要講究策略和技巧，如果你臉皮不夠厚，那麼，非但無法達成自己的目的，而且還會陷入各種無法預知的陷阱和圈套，使自己的人生充滿危機……

維爾曾經寫道：「現實中的困難皆可克服，唯獨你礙於面子問題，而不敢去突破的困難無法解決。」

的確，面對外界的阻力，我們往往爲了面子問題而做出錯誤的因應舉動，然而，這不僅無法眞正解決問題，可能還會因此爲自己招來失敗的厄運。

以退讓開始的人，終將以勝利收場，因爲，你可利用言詞的讚美和形式上的尊重，掌握或改變他人的意志；你也可以表面上以他人的利益爲重，實際上則爲自己的利益開闢道路。

為了向目標前進一尺，有時候就必須先退一寸。

讓步其實只是暫時的迂迴策略，想要避免在現實社會中吃大虧，就不應計較在言詞上或形式上吃點小虧。

如果你能將退讓的策略妥善加以運用，無形之中，你就減少許多敵人，獲得許多助力，達到借力使力的效益。

罵人不必用髒話

最無懈可擊的謊言，通常是在不聲不響時說出來的，而且，這些謊言大都會被人認為是肺腑之言。

——斯蒂文生

待人處世要多用「寬」字

對於身邊的人，我們應該多一點鼓勵和支持，少一點嘲諷與譏笑。不管結果成功或是失敗，沒有人不希望得到多一點安慰和肯定。

不要老想挑剔人的短處，因為「雞蛋裡挑骨頭」只會讓自己挑回一擔擔的「尷尬」，結果不僅傷害他人更傷自己。

因此，待人接物要用寬闊一點的胸襟容納人生百態，規劃生活則要從更遠更寬的視野中尋找未來。

懂得「寬」字的生活秘訣，我們才能擁有多彩多姿的人生閱歷，以及更圓融的人際關係。生活不能太一板一眼，能多一點靈活變化與寬度，我們才能真正地享受到生命的美妙滋味。

有個圖書業務員正在廣場上推銷公司出版的各種圖書，生動活潑的行銷方法，很快地吸引了許多聽眾。只見業務員仔細地介紹一本本圖書，每一本書都很清楚地分門別類，專業的他不僅能舉出某一類書中的經典，還能隨手拿起任一本書籍，仔細地分析其中的重要環節。

比如說，當他手中拿起一本電腦圖書時，他就會將現今所有相關的電腦資訊一一連繫。如果他拿到的是一本文學書，那麼不僅會詳細解說作者創作的寓意，還會將相關的文學作品一塊兒融會帶入，讓人們不只有認識他手中的這本書，還會對其他的文學圖書產生好奇。

當現場聽眾著迷於口若懸河的推銷中，人群忽然有個人問道：「請問賣書的，這些書你全都看過了嗎？」

推銷員笑了笑，隨即反問道：「請問您是做什麼工作？」

那個人回答：「藥劑師。」

於是，推銷員說：「藥劑師啊，您會不會親口嚐過自己所賣的藥呢？如果沒有嚐過的話，難道你都會先試一下嗎？」

觀眾們聽見他的機智回答，全忍不住哈哈大笑。

無論業務員的反問是否有取巧的意圖，故事中真正的旨意是「學習體諒」。對於身邊的人的付出與努力，我們應該多一點鼓勵和支持，少一點嘲諷與譏笑。不管結果成功或是失敗，沒有人不希望這一路走來的辛苦付出，得到多一點安慰和肯定。

不要老是想給人難堪。將心比心，生活轉個場景，換作是我們自己，面對這樣有心的找碴，相信沒有人會感到愉快。因此，遇見這些努力生活的人，請默默地為他流下的汗水鼓掌，因為掌聲中飽含著我們對人的關懷與尊重。

罵人不必用髒話

太過迎合別人，就會失去自己。因此，不要害怕拒絕別人，如果你可以想出冠冕堂皇理由的話。

——高爾基

用幽默感化解生活危機

幽默的功力，不僅可以讓人們化干戈為玉帛，更能讓原來的是非變成了笑談，輕輕鬆鬆地把大事化小。

具有幽默感的人必定是個萬人迷，懂得自嘲技巧的人，也經常是人們最歡迎的合作對象。因為，幽默感不僅可以化解人際之間的尷尬，更能讓我們身上展現出一份無法隱藏的自信風采。

幽默是征服人心的力量，小小的幽默就可以化解生活危機。

因為懂得幽默感的人，最不喜歡看見愁眉苦臉，因此他們會隨時地提醒自己：「用微笑面對生活，用陽光心情面對人生，如果拿自己開玩笑可以換得更多的笑聲，那麼讓自己出一下糗又何妨？」

著名畫家張大千先生臉上的大絡腮鬍，早就成為他的代表特徵，他的言談也每每展現藝術家的幽默感。

這天，他和幾位老朋友一塊吃飯，席間有個朋友要求每個人要講個笑話。

只是不知道怎麼了，好幾個人像是商量好了一樣，居然一連講了好幾個嘲笑大鬍子的笑話。後來，張大千聽出了朋友是故意開玩笑的，因此一直沉默地帶著微笑聆聽，沒有插嘴。等到大家都講完了故事時，他才清了清嗓子說：「來來來，我今天也要講一個關於大鬍子的笑話。」

朋友們聽見張大千這麼說，臉上紛紛出現既尷尬又吃驚的表情，因為他們以為，當大家都選了關於鬍子的笑話之後，張大千應該會把話題岔開，轉移大家的注意力才對，沒想到他竟然還要講「大鬍子」的笑話！

只見張大千親切地說：「三國時候，關羽在麥城一役中吃了敗戰，後來更不幸被吳國士兵所殺，他的好兄弟張飛報仇心切，一時大意，酒醉後也被殺了，眼見二位兄弟都被殺害，劉備大怒之下決定興師討吳。

當時，關羽的兒子關興與張飛的兒子張苞都在軍中，也一心要為父親報仇，

因此兩個人爭著要當先鋒，這令劉備十分為難，不得已出了道題目考他們：『你們兩個各自說出自己父親生前功績，只要誰父親功勞多，我就讓誰做先鋒。』

張苞一聽，立即不假思索地說：『父親當年三戰呂布，喝斷當陽橋，夜戰馬超，鞭打督郵，義釋嚴顏。』

關興一聽，心想這個頭功居讓他搶了去，一著急居然又口吃了起來，他支吾了半天才說了一句：『我父五絡長鬚……』

然後，他便再也說不下去了，沒想到就在這個時候，關公竟然顯靈了，他站在雲端上，聽見兒子只說出了這一句話，氣得大罵道：『不孝子！老子生前過五關斬六將，溫酒斬華雄之事你不說，偏偏要在老子的鬍子上做文章！』

張大千的故事說到這兒便說不下去了，因為在座的朋友聽到這裡，全都忍不住笑得人仰馬翻了！

幽默的張大千藉著三國故事中的人物，來指正朋友們的玩笑開過頭，當然也順勢化解了自己的尷尬。

其實，這是一個很體貼的舉動。張大千希望朋友們能尊重他的大鬍子，不用

直接的批評來告誡朋友，而是用幽默的方式輕巧帶出心意。就像他說到關公怒斥

關興不說偉大事蹟，偏偏挑他的五絡長髯來誇耀的那一段，其中他也意有所指，

怪朋友為何不找其他話題，偏偏要拿他的大鬍鬚八卦。

從中，我們領略到幽默感的功力，不僅可以讓人們化干戈為玉帛，更能讓原

來的是非變成了笑談。

因此，學習幽默感，不僅能讓生活變得有趣，更能讓我們輕輕鬆鬆地把大事

化小，小事化無！

罵人不必用髒話

說話要謹慎，嘴邊要備上一把鎖。也許有人正等待著看你滑倒呢，

倘若不小心，你就會在他面前被自己的言詞絆倒。——《智訓》

06

借力使力，
最能讓對方漏氣

現代人一逮到機會就批評、中傷競爭對手，

遇到這種見不得別人好的小人，

不妨學學借力使力的罵人藝術，讓對方漏漏氣。

尋找皆大歡喜的結局

> 英國詩人斯溫伯恩曾説：「人們在尖刻的話語和機敏的辯才中摘不到果子，在他們搖撼大樹的根部時，得到的是扎人的刺。」

日本心理學家宮城音彌曾經寫道：「假話是社會生活中不可缺少的，因為，把自己的一切都暴露無疑的人，人際關係勢必置於險境。」

因此，即便知道說假話是不對的，但在必要時候，還是要懂得用「假話」來緩和氣氛，千萬別為了一時的意氣之爭引發更多衝突。想要罵人，不一定得說真話或罵髒話，有時候說說「假話」，反而能發揮最骯髒的效果，讓對方無法辯駁。

第二次世界大戰結束後不久，法國和西班牙邊界上，有一個法國哨兵站崗站

得十分無聊，便開始和不遠處的西班牙哨兵抬槓，說著說著，兩人便談論第三次

世界大戰什麼時候會爆發。

法國哨兵先問西班牙哨兵：「如果不久之後爆發第三次世界大戰，你認為蘇

聯會先攻打哪個國家？」

西班牙哨兵譏笑說：「當然先攻打法國，因為法國人最沒有骨氣，最好打了，

兩三下就投降了。」

法國哨兵又問：「那照你估計，蘇聯要花多少時間才能攻下法國？」

西班牙哨兵回答說：「照我看，差不多一個禮拜就搞定了。」隨後，他又驕

傲地說：「如果蘇聯想攻打我們，那至少得花上一年時間。」

法國士兵逮到機會，隨即微笑說：「不會吧，我想至少得花上兩年時間！」

難得法國士兵對自己國家評價這麼高，西班牙士兵語氣和緩地問：「喔？你

是怎麼估算的？」

法國士兵回答：「因為你們的公路那麼爛，蘇聯的坦克根本沒辦法走，他們

得先花上一年，把你們的那些爛公路修好！」

英國詩人斯溫伯恩曾說：「人們在尖刻的話語和機敏的辯才中摘不到果子，在他們搖撼大樹的根部時，得到的是扎人的刺。」

吵架不必太認真，因為只要是爭吵，雙方的立場一定都是對立的，根本無法吵出誰是誰非，尤其是意識型態的爭論，就算吵到高血壓發作也不會有結果。

但是，如果把爭論的焦點由擊敗對方，轉向擊敗共同的敵人，那麼雙方就同時能獲得好處，何樂而不為呢？

譬如說，故事中的法國士兵，既然想和西班牙士兵聊天消磨時間，其實大可不必為了誰會先被蘇聯攻下而唇槍舌劍，彼此辯得面紅耳赤，倒不如想些鐵幕笑話來消遣共同的敵人蘇聯，不是落得皆大歡喜嗎？

罵人不必用髒話

不尊重別人的自尊心，就像是一顆經不住陽光照射的寶石。

——瑞典化學家諾貝爾

輕鬆戰勝身邊的小人

> 莎士比亞曾說：「不要輕易燃起心中的怒火，因為，它燒不了敵人，只會灼傷自己。」

每個人的周遭都有一些小人，整天進行損人、害人的勾當；當你受了氣，要不要忍耐，很重要的一個取決標準是：自己是否有足夠的反擊力量。

想要輕鬆戰勝身邊的小人，關鍵就在於，我們能不能在忍耐的同時，不斷提昇自己的境界，積累反擊、報復的實力，把自己訓練得像兔子一樣敏捷，像狐狸一樣狡猾，像老虎一樣沉穩而又凶悍……

阿強有一天在路上散步，突然腦袋被狠狠地捧了一拳，回過頭一看，是一個

不認識的臉孔，便很生氣地責問：「你為什麼打我？」

那個人見自己打錯了人，不但沒有放低姿態道歉，竟然還生氣地說：「你走路幹嘛像小忠那個瘟三！」

阿強不肯善罷干休，便扯著那個人到法院。誰知道那個人竟然和值日法官認識，法官聽了阿強的控告，便對那個人使眼色說：「這就是你不對了，法治社會裡連立委都不能隨便打人，何況是你呢？我判你付給阿強一萬元，作為道義賠償，還不快點回家拿錢！」

阿強在法院等那個人拿錢來，一等就等了兩個鐘頭，卻遲遲不蹤影，開始懷疑法官故意放走那個人，於是問法官該怎麼辦。

法官不悅地說：「我已經判他賠你錢了嘛，他不來，我有什麼辦法！」

阿強聽了這番話，心裡十分火大，於是趁著法官不注意，溜到他的背後，狠狠地朝他的後腦揍了一拳。

頭冒金星的法官還搞不清楚是怎麼回事，只聽到阿強譏刺地說：「我實在很忙，不想再等下去了，這樣吧！你趕快判我付給你一萬元作為道義賠償，那個人的賠償費就轉讓給你吧！」

莎士比亞曾經勸告我們說：「不要輕易燃起心中的怒火，因為，它燒不了敵人，只會灼傷自己。」

面對像蒼蠅一般煩人惱人的小人，倘使你心裡一直忿忿不平，不妨換個方式這麼想：「忍耐，並不是真的怕你，而是現在我不願滋惹事端，至於什麼時候要加以報復，主動權操在我手中。只要時機成熟了，就是你倒楣的時候。」

如果，我們無可避免地必須面對身邊的小人，那麼，把主控權操在自己手中，豈不是更好嗎？

一旦你做好了心理建設，就不會把肆意找碴的小人看成是強者，也不會動輒生氣抓狂，和對方比賽誰的舌頭比較賤，因為你知道這場較量還沒結束，最後慘敗的終將是他們。

因此，當你受到陷害、侮辱、冤枉的時候，千萬不要輕易開罵，應該暫時忍下心中的憤怒與衝動；更多的時候要提醒自己面帶微笑，靜候對方出招，如此才能沉著應變，見招拆招。

不必一味地板著臉孔、費盡心思去提防週遭的小人，或者一受氣就動怒罵髒話。

因為，這只會降低自己的格調，徒然折損自己的生命；想要輕鬆戰勝身邊的小人，其實還有更多巧妙的方法。

罵人不必用髒話

復仇之心儘管可以孵出一窩雞蛋，但是孵蛋的母雞必須要有充分的耐心。

——梅瑞狄斯

稱讚是致勝的秘密武器

幽默作家馬克吐溫曾説：「恰到好處的稱讚是一種高超的處世藝術，但是，只有少數人才懂得準確掌握它。」

西方哲學之父蘇格拉底曾經教導我們：「當你高興或動怒的時候，儘量緊閉你的嘴巴，免得讓小人有見縫插針的機會。」

所謂的「閉緊嘴巴」，並不是要你消極地裝聾作啞，而是忍住嘴裡的「髒話」，說些無關痛養的場面話，甚至是讚美對方的話。

假使你越能讓小人猜不著你的喜怒哀樂，小人就越會為了找不到攻擊你的縫隙而大傷腦筋。

小王和女朋友雅麗交往了兩年，最近終於有了「突破性」的發展，兩人也因此開始討論婚嫁問題。

議定之後，小王便利用假日前去拜會未來的岳父大人。

小王依地址找到了雅麗位於陽明山的家，才知道他的準岳父原來是個財大氣粗、俗不可耐的暴發戶。

當小王寒暄一陣，正式開口說出婚事的時候，只見準岳父用懷疑的眼神盯著他說：「你口口聲聲說你真心愛我的女兒，我怎麼知道你不是為了貪圖我的財產，才想娶我女兒？」

小王聽了有點惱火，反唇相譏說：「最近，不是有個壽險廣告常說世事難以預料嗎？其實，我來提親也是冒了很大的風險，你口口聲聲說你是大富翁，我怎麼知道你會不會明天就破產，變成一個窮光蛋？」

小王對待準岳父的態度其實是不對的，反唇相譏的結果，只會使他和雅麗的婚事橫生波折，甚至告吹。

正確的做法是按捺自己心中的不悅和怒火，把髒話留在自己心裡，設法從他

身上找到值得讚美的地方，然後毫不吝嗇地加以稱讚一番。

一個成功的人，除了必須隨時保持溫和友善的態度，還應該學會給別人戴高帽子，往別人的臉上貼金。

幽默作家馬克吐溫曾說：「恰到好處的稱讚是一種高超的處世藝術，但是，只有少數人才懂得準確掌握它。」

懂得稱讚別人，你就會比別人多了一項致勝的秘密武器。

因為，社會上的每個人都渴望被肯定和讚美，懂得人們的這種潛在慾望，便能將別人納入自己的掌握中。

美國鋼鐵大王安德魯‧卡耐基的成功秘訣之一，便是善於誇讚員工。他還特地聘請了一位名叫夏布的高帽專家，掌握每個機會對下屬人加讚美，牢牢地捉住員工們的心。

不過，有句俗話說：「看什麼魚，放什麼餌；見什麼人，說什麼話」，稱讚別人也是如此，千萬不能張冠李戴、胡說八道，否則就糗大了。

讚美別人最直接、最有效的方法不是從他的事業、才學、品德方面下手，而是從他的相貌高談闊論一番。

因為，一個人最引以為傲的事，通常我們並不是那麼清楚，但不論他的長相再如何醜陋，我們都可以臉不紅、氣不喘地稱讚他說：「像你這樣的相貌真是天下無雙，富貴可期，只要假以時日，前途一定不可限量啊！」

〈罵人不必用髒話〉

讚揚對高貴者而言是鼓勵，對平庸者而言，則是追逐的目標。

——科爾頓《萊肯》

借力使力，最能讓對方漏氣

現代人一逮到機會就批評、中傷競爭對手，遇到這種見不得別人好的小人，不妨學學借力使力的罵人藝術，讓對方漏漏氣。

伊索曾經在寓言故事寫道：「對於自己想要做的事，如果找不到漂亮的藉口，就會明目張膽地去做！」

儘管大家都不喜歡自己被認定是壞人，但諷刺的是，想要在這個處處競爭的社會生存，往往只有兩種方式，一種是找藉口抨擊別人的缺點，另一種則是想辦法美化自己的優點。但是，凡事適可而止，如果做得太過火，萬一遇到罵人不帶髒字的高手，恐怕就會得到不良的效果。

袁世凱在小站練兵的時候，就已經露出龐大的政治野心，經常在私底下批評朝廷的當權人物。有一次，他語帶不屑地對德國駐華公使說：「張之洞那傢伙是專講學問的書呆子，我袁世凱不講學問，是講辦事的。」

袁世凱這番話，言外之意是譏刺張之洞是書生出身，只會紙上談兵，要解決實際問題，還是他袁世凱更精幹、更有權威。

後來，袁世凱的一個幕僚和外交家辜鴻銘閒聊時，便把這番話當作得意之談，重複說了一次。

辜鴻銘聽了，隨口調侃道：「誠然，誠然，但這要看所辦是什麼事。像老媽子倒馬桶這種事，當然用不著學問，不過，除倒馬桶之外，我倒不知道天下有什麼事，是沒學問的人可以辦得好的！」

人有高低貴賤之分，事情也有大小難易之別。辜鴻銘罵人不帶髒字，巧妙地借袁世凱「講辦事不講學問」的話題，具體就什麼人辦什麼事加以發揮，言談之間獲得很好的嘲諷效果。

這段「倒馬桶」的比喻，說得輕鬆又俏皮，和戰爭中的將計就計、順手牽羊

這類戰術，以及中國太極拳的借力使力，具有異曲同工之妙。

由於現代生活強調競爭、主張新奇，有些人卻只求眼前顯赫和利益，根本不管以後如何，誤以爲唯有快速適應、力求表現，不擇手段地爭取一時出頭的機會，才是成功之道。

這種「爭先恐後」的心態，使得現代人感到自己的週遭都是敵人，一逮到機會就批評、中傷競爭對手，有時即使對別人造成傷害，也在所不惜。

袁世凱的言談和他的大起大落，說明了見不得別人領先自己的心態，其實相當危險。現實生活中，遇到這種見不得別人好的小人，不妨學學辜鴻銘借力使力的罵人藝術，讓對方漏漏氣。

罵人不必用髒話

有什麼比石頭更硬？有什麼比水更軟？然而，只有軟水可以穿透硬石。

——古羅馬思想家奧維德

面對刁難，要正面迎戰

所謂正面迎戰，並不是要你和對方唇槍舌劍，或是破口大罵，用髒話問候對方的祖宗八代，有時候只需換個方式說話，就能達到漠視、羞辱對方的目的。

英國詩人勃朗寧曾經說過：「一個人成功與否，並不在於他們如何循規蹈矩，而在於他們是否能在關鍵時刻表現靈活。」

的確，如果你凡是只會死守教條，腦袋不懂得轉彎，那麼你永遠只會讓自己陷入人生的困局，被別人耍得團團轉。

英國牛津大學有位著名的教授名叫李費，是享譽歐洲的學者。他有一個怪癖，那就是藐視女性，每當他走進教室上課的時候，不管裡頭有沒有女學生，都習慣

用「紳士們」作為起頭。

這個習慣讓一群響應女權運動的女學生十分反感，認為他嚴重漠視女性的存在，有違兩性平等原則，決定聯合起來捉弄他，讓他難堪。

有一天，李費教授上課之前，這些女學生強迫驅離所有的男學生教室，只留下一個男在教室，準備看李費怎麼應付這種局面。上課鐘聲響後，李費教授一如往常走進教室，卻見到裡頭只一個男生，其餘全是女學生，嗅出氣氛不太對勁。

李費知道這群女學生故意要和他過不去，於是不急不徐地改口說：「這位可憐的紳士……」然後若無其事地繼續上課。

俄國文豪杜斯托也夫斯基在《少年》一書中寫道：「只要有堅強的意志，就自然而然會有能耐、機智和應變的智慧。」

李費教授的行徑，給我們的啟示是──不管別人如何和自己過不去，只要你能堅持到底就是勝利。就像獵人的目的不在於跟蹤獵物，而是將牠們捕獲，做事情最基本的原則就是靈活善變，爭取最後的勝利。

日常生活中，我們可以看到許多人一遇見別人刁難，就乾脆自己先打退堂

鼓，忙著給自己找台階下，理由是：何必為難自己呢？

面對刁難卻不敢正面迎戰，這種行為簡直是瞧不起自己，無疑是告訴別人自己是個怯弱、畏縮、缺乏自信的傢伙。相形之下，那種勇往直前，縱使遇到挫折也不氣餒的進取精神，著實令人欽佩。

當然，所謂正面迎戰，並不是要你和對方唇槍舌劍，或是破口大罵，用髒話問候對方的祖宗八代，有時候只需像李費教授一樣換個方式說話，就能達到漠視、羞辱對方的目的。

罵人不必用髒話

上天要求我們具備三件東西才肯賜予幫助——一顆堅定的心，一條強壯的臂，和一張緊咬的唇。

——哈利伯頓

過度吹噓，只會招來反唇相譏

> 荷蘭思想家史賓諾莎說：「虛榮心重的人，所欲求的東西，無過於名譽，所畏懼的東西，無過於羞辱。」

美國幽默作家馬克・吐溫曾經這麼說：「罵人靠舌頭，但是罵人不帶髒字，則必須靠智慧。」

的確，最高明的罵人、損人方式，就是適時引用一些哲人說過的話，當你罵了他，他還以為你在讚美他，當你損了他，他還以為你在誇獎他。

二十世紀最偉大的激勵大師戴爾・卡耐基，同時也是個著名的演說家，時常在美國各地進行巡迴演講。

有一次，他應邀前去某個文化團體發表演講，當他到達會場的時候，照例受到相當熱烈的歡迎。

誰知，當天的司儀是一個自命不凡的年輕人，拿起麥克風後，竟然就停不下來，佔用卡耐基的時間，滔滔不絕地誇耀自己的家世淵源，在場的聽眾雖然覺得厭煩，但又不好意思打斷他。

卡耐基等了很久，終於按捺不住，起身說道：「司儀先生，你大談光榮的家世，使我想起大哲學家培根說過的一段話，他說：誇耀自己祖先的那些人，正像馬鈴薯，最有價值的部分是留在地下……」

荷蘭思想家史賓諾莎說：「虛榮心重的人，所欲求的東西，無過於名譽，所畏懼的東西，無過於羞辱。」

不必誇耀你的家世淵源、名聲財富，或者幹過什麼豐功偉績，你是什麼樣的一個人，其實清清楚楚映現在別人的瞳孔裡。千萬要記住，過度吹噓，只會引來別人反唇相譏。

面對那些狂妄自大，說起話來滔滔不絕的人，你可以引用某位智慧家說過的

話嘲諷他：「二十歲時你如同孔雀，三十歲時你會作獅子，四十歲時你就如駱駝，五十歲時你好比蛇精，六十歲時你像一隻狗，七十歲時你像猴子，到了八十歲時，就什麼都不是了。」

你可以像卡耐基一樣告訴對方，時間的流轉可以使植物成長，但是不一定會讓每一個沐浴在時光中的人都變得更聰明、更有智慧，更懂得用理性的眼光，去判斷世間錯亂紛雜的是是非非。

人的心智必須隨著時間而成長，才有躍昇到更高境界的可能性，否則，就會像馬鈴薯，永遠讓生命最有價值的部分，被泥土埋藏在地底下。

罵人不必用髒話

蠢才狂妄自大，他自鳴得意的，正好是受人譏笑的短處，而且往往把應該引以為奇恥大辱的事大吹大擂。

——克雷洛夫

當你遇到愛獻寶的「暴露狂」

法國作家左拉說：「愚昧無知不會為人帶來幸福，幸福的根源在於清楚知道自己並沒有想像中聰明。」

美國作家豪說：「在蠻荒的古代，人們用斧頭相鬥，文明人埋掉了斧頭，他們的格鬥，靠的是舌頭。」

其實，在這個人人都喜歡用舌頭當武器的人性戰場上，如果，你想向別人「開罵」，不一定要出口成「髒」，有時候，用指桑罵槐的方式反諷，不僅可以為自己留一步餘地，而且照樣可以踩到你想罵之人的痛處。

小張最喜歡獻寶，遇到人就誇耀自己兩歲的兒子有多麼聰明。

有一天，他帶著老婆和兒子去喝喜酒，席間又開始得意洋洋對同桌的朋友吹噓說：「你們知道嗎？我兒子比起同年齡的小孩子，實在聰明太多了，他的腦筋簡直得了我的真傳……」

一旁的小沈聽這番話已經聽了N次，於是沒等小張把話說完，就不耐煩地接口嘲諷說：「喔，你的意思是不是說，你們一家三口當中，現在只剩你老婆一個人還有一點點腦筋？」

人們通常都自視甚高，認為自己是絕頂聰明的天才，其他人都是超級大笨蛋，而且，越平庸的人越自以為是曠世天才，越會炫耀自己的「聰明才智」，期望獲得別人讚揚。殊不知，在別人眼中，他們和那些喜歡當眾裸露自己「寶貝」的「暴露狂」沒什麼兩樣。

遇到這樣「愛獻寶」的人，你可以婉轉提醒他，成功和聰明並沒有關聯，重要的關鍵在於能不能細心去看世間萬物，能不能從一些看似「理所當然」的事情中，領悟出和別人不同的觀感。

如果你沒什麼耐性，不妨引用法國作家左拉說過的話損他：「愚昧無知不會

為人帶來幸福，幸福的根源在於清楚知道自己並沒有想像中聰明。」

不過，諷刺過後，記得「安慰」對方：人不管是對現實環境或是對自己，都要清醒地認識，抱最好的願望，做最壞的打算，如此才能化腐朽為神奇，也才能心平氣和地承受生活中的各種打擊。

罵人不必用髒話

你應該比別人聰敏，但是絕不能把自己的聰敏到處向人誇耀。

——吉斯特菲爾

壓制對方的氣焰，就能扳回顏面

「棉裡藏針」的循循善誘，不僅對方的氣焰遭到壓制，你也可以藉由用正面的話語貶損對方，順利扳回自己的顏面。

關於領導統御的要領，莎士比亞曾經寫道：「建立豐功偉業的人，往往借助於對自己盲目崇拜的人之爭。」

的確，所謂的成功人士並非比平凡人優秀，只不過他們懂得如何運用厚黑權謀，讓追隨他的人，心甘情願地為自己賣命。

如果你不懂得領導統御之道，只一味用薪資或是威權的方式帶領部屬，那麼，不僅部屬不可能對你盡忠，跳槽之類的情事也會層出不窮。

小鍾是一家小貿易公司的老闆，平常最喜歡嘮嘮叨叨對員工碎碎唸，但是，他卻自認為很有幽默感，一聽到自己覺得好笑的事，就會立即叫員工到會議室集合，要員工們分享他的幽默。

有一天中午，小鍾陪幾個客戶出去應酬吃飯，回到公司之後，有點醉意的他，便迫不及待地召集所有的員工到會議室，分享他剛剛聽來的幾則笑話。

由於喝酒的緣故，小鍾的舌頭有點打結，把原本就不好笑的笑話說得零零落落，但是員工們卻聽得捧腹大笑，只有會計小姐阿雲無動於衷，而且露出一副十分不屑的模樣。

小鍾見到平常最捧場的阿雲滿臉不耐煩，心裡有點不高興，便板起臉質問：

「奇怪了，我講的笑話這麼好笑，妳怎麼面無表情，真沒有幽默感……」

誰知阿雲竟然輕蔑地哼一聲，回答說：「我根本不用笑，因為，我要跳槽了，上班上到這個月底。」

如果你是故事中的小鍾，在大庭廣眾之下遭到員工吐槽，應該怎麼回應最不傷感情，又能保住自己的面子？

遇到這種難堪的時刻，你應該及時引用美國總統林肯曾經提醒世人的一句話：「這個世界上並沒有卑賤的職業，有的只是卑賤的人。」然後，你還要以朋友的口吻對他說：「換工作是尋求自我提升與突破的一種方式，必須謀定而後動，以免草率決定後徒生困擾。」

最後，你可以勸勸對方不要一味鑽牛角尖，要以較積極樂觀的態度看待自己的處境，否則難保他的下一個工作，可能還必須虛情假意地「賣笑」。

相信經過你這番「棉裡藏針」的循循善誘，不僅對方的氣焰遭到壓制，你也可以藉由用正面的話語貶損對方，順利扳回自己的顏面。

罵人不必用髒話

大多數人花費太多時間去做他們並不想做的事，為的只是想獲得偶爾能去做自己想做的事的權利。

——J·M·布朗

讓對方面紅耳赤又無法駁斥

想批評欠缺自知之明的人，不妨試試先褒後貶的說話方法，相信一定會讓對方面紅耳赤又無法駁斥。

日常生活中，我們免不了要批評別人，也免不了會遭人批評。批評不全然是壞事，因為人想要進步，就得虛心聽聽別人的建言，才能改善自己的盲點。

可是，忠言逆耳，即使是最善意的批評，還是可能被認為是在找麻煩。因此，想讓對方聽進自己的批評，就得多費點心思。

小林當了一年餐廳學徒之後，自認為已經學會了廚房裡的十八般武藝，可以出師了，於是便自行創業。豈料，餐廳熱熱鬧鬧開幕之後，生意卻奇差無比，連

開幕時前來捧場的親朋好友都不再上門。小林百思不解，想不出原因究竟出在哪裡。

有一天，一個新客人到小林的餐廳用餐，誰知吃沒幾口就停下筷子，要求服務生找老闆過來。林以為是服務生服務不周到，讓客人不高興，於是神情緊張地從廚房快步走到這位客人的旁邊。這位客人說：「老闆，你們餐廳的廚房，想必相當重視乾淨乾淨！」

小林聽了，不禁鬆了一口氣說：「謝謝您的誇獎！從事餐飲業，保持廚房的整潔乾淨，是理所當然的事⋯⋯」

小林還想繼續宣揚自己的理念，這位客人這時卻翻了白眼說：「不過，你們的沙拉脫未免用得太多了吧，每道菜都有沙拉脫的味道！」

不能正視自身的缺點，缺乏自知之明，是好高騖遠的人最常見的特徵。這種人不切實際，既脫離現實，又脫離自身。

要諷刺這樣的人，不妨先說說前述小林開餐廳的故事，然後引用英國作家柴斯達頓曾說過的話：「人會認識宇宙，然而卻不認識自我；自己比任何星球都來

得遙遠。」

然後，告訴他：「做任何事之前，應該考量自己有多大的本事，有多少實力。人如果沾沾自喜於過去某方面的小成績，就不會發現自己有什麼重大缺陷；缺乏自知之明，心中就只充塞著自己的龐大影像，把別人都當成侏儒，失敗了總是抱著懷才不遇的感覺。」

想要從事任何一種行業，都必須先培養真正的本領和能耐，否則就會變成另一個小林，連菜都洗不乾淨就開起餐廳，結果當然門可羅雀。想批評類似小林這樣的人，不妨試試故事中客人先褒後貶的說話方法，相信一定會讓對方面紅耳赤又無法駁斥。

罵人不必用髒話

你最不愛吃的藥，往往能治好你的病；你最不愛聽的話，往往對你最有益。

——佚名

07

把晦氣變成
生活的調劑

壞心情的確令人困擾，
當別人不小心得罪你的時候，
你不妨試著幽他一默，
順便也幽自己一默吧！

把晦氣變成生活的調劑

壞心情的確令人困擾，當別人不小心得罪你的時候，你不妨試著幽他一默，順便也幽自己一默吧！

那個人得罪了你，你哭喪著臉，覺得自己很倒楣。

但是，你有沒有想過，那個人雖然讓你的生活增加了許多晦氣，但是他並沒有奪走你笑的權利。

只要你懂得轉換自己的心情，就能讓晦氣變成生活的調劑。

古時候，替人理髮的人稱做篦工，除了理髮之外，他們還兼管掏耳朵。

一次，某位篦工替客人掏耳朵時，下手太重，被掏的人感覺很疼，只好把頭

偏向另外一邊，沒想到，這個欠缺職業警覺性的箆工也跟著湊過來，而且越掏越深，越掏越疼。

被掏的人別無他法，又不好直說，只好問：「那邊的耳朵掏不掏？」

「當然要掏！」箆工擺出一副理所當然的模樣，回答：「只是，要先掏完這邊這一隻，再去掏那一隻。」

被掏的人聽了，開玩笑地對他說：「喔！好險！我還以為你要從這邊直接通過去呢！」

明明是很不愉快的事，只要用幽默的態度去面對，你會發現，悲劇和喜劇，其實都在一念之間。

美國的喜劇泰斗鮑伯霍勃深諳這個道理，他的家裡有八個兄弟，每次上廁所總要注意廁所有沒有人正在使用，鮑伯卻不以為苦，反而還自嘲的說：「在我排隊等著上廁所的時候，我學會了跳舞。」

不管是什麼事，只要戴上幽默的眼鏡，世界就會添上一層繽紛的色彩。

壞心情的確令人困擾，但是你不應該因此而替自己製造更多人際關係上的困擾。下一次，當別人不小心得罪你的時候，你不妨試著幽他一默，順便也幽自己一默吧！

說完真話，要懂得適時裝傻

> 做人圓融，人生就得以圓滿。該說的話一定要說，但是說完了以後，也要留給別人一點說話的餘地。

馬克‧吐溫曾說：「有些人相信誠實為上策，這是迷信，因為，有時候假裝老實，要比真正的老實要強好幾倍！」

的確，有些人寧願你用「假老實」來騙他，也不願意你用「眞老實」來傷他，因為，有時候「老實」是一種頗傷人自尊的「心靈毒品」。

某人請客，非常擔心客人把自己喝窮，所以交代底下的僕人，在客人桌上一律擺放最小尺寸的杯子。

一名客人看穿了主人心裡打的算盤，故意舉起酒杯，發出嗚咽的聲音，主人

便問他原因。他說：「沒事，我只是見物傷情而已。去年我哥哥去世的時候，身體健壯得很，只是因為朋友請他喝酒，用的酒杯跟府上這個一模一樣，他手一滑，不小心把整個杯子誤吞了下去，活活噎死了。今天見到這個酒杯，我怎麼能不傷心？」

主人無奈，只好讓人去換了較大的杯子，但還是交代底下的人，斟酒時只需斟五分滿。

誰知，這名客人仔細端詳手中的酒杯，又有感而發地說：「這個杯子應該要截去一半。」

主人驚問為什麼，他回答說：「既然它的上半截閒置著不用，留它做什麼？」

主人明白他的意思，只好命人把酒斟滿。

一餐飯下來，這名客人花樣百出，令主人非常感冒。這名客人也不是不會看人臉色，飯後，主人送客，來到門口時，客人問：「我剛才到府上來時，看見門上掛著一幅山水畫，現在怎麼不見了？」

主人說：「我這裡從來沒有掛過山水畫。」

客人聽了，露出恍然大悟的神情，說：「啊……我搞錯了，是我家裡的門上

才掛著山水畫呢！我是在家喝醉了才來的，所以頭昏眼花，還一直把你這兒當作是我家呢！」

聽到客人這麼一說，原本氣得快火山爆發的主人心生體諒，一整晚所累積的不滿全都煙消雲散了。

莎士比亞曾經寫道：「任何彰明昭著的罪惡，都可以在外表上裝出一副道貌岸然的模樣。」

其實，一個高明的偽君子，不會在一切可能的場合，施展自己的偽善功夫，這些偽君子最厲害的地方在於，在所有不重要的事情上，沒有人能比他更公正、更老實、更坦率、更高尚。

越是有智慧的人，越懂得如何適時裝傻。

如果讓對方吃了有形的虧，就應該還他一點無形的快樂；如果讓人失了面子，就應該給他戴上高帽子。

做人圓融，人生就得以圓滿。該說的話一定要說，但是說完了以後，也要留給別人一點說話的餘地。

老實說出自己的企圖

人生不可能完全盡如人意，與其要事情為你而改變，不如改變自己去迎合每一個你想要以及你不想要的狀況。

法國文豪巴爾札克在《高老頭》一書中曾經諷刺地說：「也許人的天性，就喜歡教那些為了謙卑，為了懦弱，或者為了滿不在乎忍受一切的人，去忍受不合理的一切。」

其實，當你遇見不合理的差別待遇，又遲遲無法獲得改善時，大可不必一味要求自己忍氣吞聲。

有時，不妨老實地直接說出你的「惡毒」企圖，如此一來，事情就會出現重大的改變。

一戶人家請客，席間，主人看某個不請自來的客人特別不順眼，因而故意在桌面上少擺一雙筷子，希望這名客人能夠主動知難而退。

豈知，不知道這名客人是真笨還是裝傻，完全沒有察覺出自己所受到的不公平待遇，依舊大剌剌地坐在位子上，一點要走的意思都沒有。

酒菜上桌之後，眾賓客紛紛舉起筷子準備夾菜，這個沒筷子的客人只能獨自在一旁袖手旁觀。

儘管他一再向僕人交代多補雙筷子過來，訓練有素的僕人都故意視而不見，置之不理。到最後，客人別無他法，只好站起來，大聲地對主人說：「請您給我清水一碗！」

主人詫異地問：「桌上有酒，你要水幹什麼？」

「我要用水把手洗乾淨，好伸手抓菜吃。」

你說，這名主人接著送上來的會是清水還是筷子呢？

既然沒有筷子，我們就應該要採取不用筷子的辦法。

如果這名客人堅持要一雙筷子，也許最後他什麼也得不到；由於他安於自己目前的處境，退而求其次，反而得到了他應得的一切。不要懷疑，這就是人生的奧妙。

如果想要的你得不到，那就靜下心來，看看你現在可以得到的是什麼。

人生不可能完全盡如人意，與其要事情為你而改變，不如改變自己去迎合每一個你想要以及你不想要的狀況。

用幽默的心情面對不如意的事情

受到委屈的時候，不妨幽上一默，讓得罪你的人深深感受到你的智慧以及寬容，也讓不了解你的人見識到你的成熟與堅強。

幽默是一帖有效的潤滑劑，它可以化解劍拔弩張的場面，也可以消弱一觸即發的衝突。

用幽默來化解尷尬的場面，往往會比義正辭嚴來得更有效，不光是你覺得快樂，別人也可以感染到你的熱情。既然如此，你還有什麼理由不去學習幽默的秘訣呢？

詩人石延年非常喜歡喝酒，和唐朝大詩人李白一樣，都是舉止豪放卻滿腹經

綸的奇才。

石延年為人隨性，擅長幽默的對話。一次，他騎馬前去遊覽一座寺廟，不料半途中，牽馬的人一時不留神，讓馬失去了控制，突然驚跳起來。

馬背上的石大學士因而不慎落馬，摔得一鼻子灰。

這下子真糗！石延年皺著眉頭，一副很痛苦的樣子。

這下子完蛋了！牽馬的人膽戰心驚，痛苦的程度不亞於石延年。

侍從人員見狀，連忙趨前把主子攙起來，扶他跨上馬鞍。旁邊的路人也不甘寂寞，紛紛靠過來圍觀，心想這官員一定會大發雷霆，這個牽馬的傢伙也一定不得善終。

沒想到，石延年坐穩以後，只緩緩地揚起馬鞭，開玩笑地對牽馬人說：「好在我是石學士，換作是瓦學士的話，豈不早就被你摔碎啦？」

心理學家說，幽默和憤怒在心理上不能共存，所以趕走憤怒的最有效方法，就是用幽默的心情面對不如意的事情。

當你感覺到憤怒的時候，當然不會輕易原諒那個可惡的肇事者。不過，不管

他有多麼不值得你原諒，繼續生氣對你來說都只是有害無利，只是把自己繼續侷限在委屈、憤怒……種種不好的情緒之上。

去原諒一個人，也許會使你失去伸張正義的機會，但卻可以為你贏得心理上的安慰和平靜。

想想看，何者對你比較重要？

因此，受到委屈的時候，不妨幽上一默，讓得罪你的人深深感受到你的智慧以及寬容，也讓不了解你的人見識到你的成熟與堅強。

適時的幽默可以躲過災禍

幽默感是上天賜於人類最好的禮物，平常的時候，我們要善用它；遭遇到不平常的時候，我們更加不可以失去它。

林語堂在《論幽默》一書中說：「幽默是人類心靈的花朵。」古希臘醫學家則認為：「幽默是治療疾病的調節方法。」

如果比人生比喻為拳擊賽，那麼，在這場比賽中，面臨對手猛烈攻擊之時，幽默無疑是最靈活的閃躲步伐。

我們可以見到，具有幽默感的人，通常也是充滿機智的人，能夠從容地面對各種意想不到的災厄。

古代有位才子，人稱邢進士，一向以性情幽默聞名，只要有他在的地方，就一定充斥著連綿不絕的歡笑。正因為如此，儘管他身材矮小，卻從來不曾讓人忽略過他的存在。

一次，邢進士在山裡遇到了強盜。那強盜兇狠非常，不但把他身上的錢財搜刮一空，還揚言要殺死他以斬草除根。

就在強盜舉刀之際，邢進士並未露出懼怕的神色，反倒一本正經地對強盜說：

「人們經常笑我長得太矮，稱呼我邢矮子，大爺您如果再砍去我的頭，我不就變得更矮了嗎？」

強盜聽了，不覺哈哈大笑，收起手上的刀，饒了他一命。

康德說：「幽默是理性的妙語解頤。」弗洛依德也說：「最幽默的人，是最能適應的人。」

像邢進士這樣幽默的人，別人就是想殺他也不捨得。很多事，只要能夠讓對方笑了，一切就好辦了。

麥克阿瑟將軍在寫給兒子的祈禱文中，希望神明除了賜給他兒子「在軟弱時

能自強不屈，在畏懼時能勇敢面對自己，在誠實的失敗中能夠堅毅不拔，在勝利時又能謙遜溫和」之外，更祈求上蒼可以讓他兒子擁有「充分的幽默感」。

可見，幽默感是上天賜於人類最好的禮物，平常的時候，我們要善用它；遭遇到不平常的時候，我們更加不可以失去它。

靈活運用身邊的資源

研究聰明人做過什麼事，能夠讓聰明的人變得更聰明，讓不聰明的人變得有自知之明。

英國著名的辭典作家約翰遜曾經對天才下定義說：「天才，就是蒐集、綜合、發揮和激勵旁人的能力。」

他告訴我們，聰明的人不見得擁有比別人更多的資源，他們只是不會放過身邊任何一項可以利用的資源，然後加以巧妙運用。

清乾隆年間，京城裡的工部衙門失火，皇帝命令大司空金簡召集所有的工人重新整修。朝廷中某位有才氣的官員聽聞此事，寫出一句上聯，叫做：「水部火

災，金司空大興土木。」

短短的一個句子當中，包含了「水、火、金、土、木」五行，實為對聯的極至，因此，很久一段時間都沒有人能順利地對出下句。

當時，朝廷有某個中書科，長得高大魁梧，雖然出身南方，卻有著北方人的體魄，經常以此自豪。

為了解決這個惱人的對聯，他特地前去請教著名的才子紀曉嵐，要求他對出下句來。

紀曉嵐不懷好意地笑了笑，對他說：「要對出下句並不難，只是說出來恐怕會得罪先生您。」

這名中書科連忙賠著笑臉，對紀曉嵐說道：「沒關係，沒關係，只要你對得漂亮就行了。」

於是，紀曉嵐清了清嗓子，說：「南人北相，中書科什麼東西。」

這個下句包含了「東、西、南、北、中」，恰恰與「水、火、金、土、木」配合得天衣無縫。

不管中書科是不是東西，此時都不得不佩服紀曉嵐果真不是個簡單的東西。

能夠罵對方而且還得到對方尊敬的，需要多麼高深的才學修為？能夠心懷鬼胎而且還談笑自若的，需要多麼圓滑的聰明機智？

培根曾經說過：「研究歷史能使人聰明，研究詩句能使人機智，研究數學能使人精巧，研究自然哲學能使人深遠，研究道德使人勇敢，研究理則與修辭學使人知足。」

或許，我們都欠缺紀曉嵐這樣的才學修為和聰明機智，但是，至少我們可以學會靈活運用身邊那些可以利用的資源。研究聰明人做過什麼事，能夠讓聰明的人變得更聰明，讓不聰明的人變得有自知之明。

不要剝奪自己歡笑的權利

人生難免會遭遇到許多不如意。既然愁眉苦臉是一天，開懷大笑也是一天，你又有什麼理由剝奪自己歡笑的權利呢？

湯姆‧來里爾曾經幽默地說：「生命有如一條排水溝，你丟進去什麼，排出來的就會是什麼。」

說得更清楚一點，如果你丟進去的是喜樂的思想，那麼生命回報你的當然也會是取之不竭的好運。

南宋名臣葉衡在謫居彬州時，不幸染上了不知名的怪病，只能臥床在家，眾親朋好友聽聞此事，紛紛前來探望。

想到自己仕途不順，如今身子又不爭氣，葉衡不禁長嘆一口氣，悠悠地說道：

「我知道自己恐怕活不長了，對這塵世我倒也沒什麼眷戀，只是不知道人死了以後，到底舒服不舒服？」

沒有人能夠回答這個問題，也沒有人願意花心思去揣想這個問題。

正當眾人哽咽的哽咽，感慨的感慨之際，一位書生突然開口說：「人死了以後，一定很舒服。」

葉衡驚訝地問道：「你是怎麼知道的？」

書生一臉正經地說：「如果死後過得不舒服，那麼那些死去的人們不就全都逃回來了！然而，從古到今，死去的人從來沒有回來過，所以，我敢保證，人死了以後一定很舒服。」

在座的人無不被他幽默的言詞逗得哈哈大笑，病房裡的陰霾一掃而空，換來的是好友相聚的溫馨與歡樂。

如果想要讓自己活得快樂，我們就必須將一些嚴肅的問題，套上輕鬆的想法。

若是你懂用幽默的態度去對待生命，你就會發現，人生其實也不過是個笑話

而已。

當代最偉大的喜劇演員鮑伯霍勃，在面對自己中年發福的身材時，自嘲地說：「人年紀越大越難減肥，因為到了這個時候，你的身體和脂肪已經結為莫逆之交。」

你就知道自己真的老了。」

在感嘆自己年華老去時，他又說：「當你買蠟燭的錢超過買蛋糕的錢之時，

人生難免會遭遇到許多不如意。既然愁眉苦臉是一天，開懷大笑也是一天，你又有什麼理由剝奪自己歡笑的權利呢？

換個讓自己舒服的想法

不管別人對你做了什麼，你的情緒都掌握在你自己的手上。換個讓自己舒服的想法，把所有的不愉快一次清光光吧！

你感到悶悶不樂？你感到諸事不順？你感到那個人的話刺傷了你？你感到背後有一雙惡意的眼睛一直在盯著你？

是的，人的感覺不可抹滅，你感覺到什麼，就是什麼。但重點是，你要如何去解讀這些感覺？

你要怎麼把這些不愉快的感覺轉換成愉快的想法？

記住，感覺是別人給的，但是，想法卻是自己創造的。

有個官員精力充沛，對生育之事特別在行，膝下子孫成群結隊，三代同堂生活得好不熱鬧。

但是，他的一位同僚命運恰恰與他相反，已經成婚多年了，卻仍在為生不出子嗣而發愁。

別人的不幸，正好襯托出自己的幸運；別人的失敗，正好反映出自己的成就。

這名官員趁機對著同僚炫耀道：「你這個人啊，不是我說你，連個兒子也生不出，真是一點本事也沒有。你看看我，多好福氣啊，生了這麼多子孫，房子都快要裝不下了！」

同僚聽了，並不以為意，只幽默地回敬道：「生兒子，是你的本事；生孫子，可就不是你的本事了。」

簡單的一句話就化解了尷尬的場面。聽到這番對答的人無不大笑，讚揚這位同僚的幽默與智慧。

潛能開發專家馬修史維曾說：「每一件事情都是從想法開始，所謂的真相，其實只是你個人對事情的解釋。」

別人可以踩你、罵你、嘲笑你，但是真正可以傷害你的，只有你自己。

他污衊你，你可以選擇不相信。

他譏笑你，你可以選擇不理會。

他吃定你，你聳聳肩、笑一笑，慶幸自己還有便宜讓別人佔。

說得更明白一點，不管別人對你做了什麼，你的情緒都掌握在你自己的手上。

既然那個人、那件事讓你感覺很不舒服，那就換個讓自己舒服的想法，把所

有的不愉快一次清光光吧！

08

說話的態度
左右你的前途

如果彼此有不同意見，
只需讓他們知道自己的看法就行了，
不必和他們激烈爭論，辯得臉紅脖子粗。

「睜眼說瞎話」可以化解尷尬

要成為一個好的服務人員，不只要了解顧客的心態，現場的反應和情況的掌握，甚至幽默感，都是必須具備的條件。

許多先聖先哲都教導我們做人做事必須誠實，但是，誠實必須有一定的限度。有時，太過誠實既於事無補，又會讓彼此都受到傷害。

現實生活中，萬一我們遇到尷尬不已的場景，有時候還是得適時地「睜眼說瞎話」，才能化解彼此的窘迫。

其實，「睜眼說瞎話」並不一定非得要說謊，只要稍微模糊一下焦點，就可以讓自己和對方都找到下台階。

由於生活品質的提高，服務業在現代社會中所佔的比例越來越高，而且相互

的競爭也越來越激烈。要想在競爭激烈的市場中脫穎而出，除了完善的硬體設備之外，所有員工的服務態度和說話技巧，更是影響成敗的真正的關鍵。

有一個五星級的豪華飯店徵求男性服務生，有三個人前來應徵。面試的時候，每個人都聲稱自己的反應最靈活，最知道如何服務客人。

為了考驗出哪一個才是真正出色的服務生，飯店經理出了一道題目，問他們：

「如果你在檢查客房的時候，不小心開錯了房門，正好看見房裡的女客人在換衣服，而她剛好也看到你，這個時候，你該怎麼辦？」

甲回答：「很簡單。我會立刻鞠躬，對客人說：『小姐，真是對不起，我走錯房間了。』然後馬上退出。」

乙回答：「我會立刻蒙住眼睛，對客人說：『小姐，很抱歉，但是我什麼都沒看到。』然後趕快關門離開。」

丙聽完甲和乙兩人的回答後說：「如果是我，我會這麼說：『先生，對不起，我視力不好，能不能請你告訴我這是哪裡？謝謝。』」

聽完三個人的回答之後，經理決定錄取丙，成為這個飯店的服務生。

丙之所以會被這家飯店錄取，是因為他能夠掌握當時的情況，做出適當的反應。試想，女客人在換衣服的時候被陌生人看見，情形一定非常的憤怒和尷尬，可是，丙的回答不但表達了自己的歉意，話語中「視而不見」的說話機智，也同時淡化了彼此尷尬的氣氛。

可見要成為一個好的服務人員，不只要了解顧客的心態，現場的反應和情況的掌握，甚至幽默感，都是必須具備的條件。

為人處世的應對進退，其實也是如此，不是嗎？

罵人不必用髒話

比爾斯曾說：「最懂得說話藝術的人，往往會讓語言和肢體動作聯合起來，一起混淆你的理解能力。」

學會用感性戰勝理性

感情或感覺可以突破難關，更能誘導反對者變成贊成者，這是潛在心理學的突破點。

有一位美國少年站在地鐵的月台上，不小心摔到了鐵軌上面，那時剛好有一輛電車迎面飛馳而來，雖然他在驚慌中萬幸地保全了性命，但是身體卻受了重傷，失去了一對手腕。

於是，這個少年向地下鐵路公司提出控訴，要求賠償鉅額醫療費用和失去謀生能力所衍生的損失，但是不論是地方法院的審判還是高等法院的審判，陪審團和法官都認為這不是地下鐵路公司的過失，完全是少年自己造成的。因此，訴訟過程中，這個少年每天心情沈重，過著鬱鬱寡歡的日子。

終於到了最後判決的日子，經過最後一場辯論後，最高法院竟宣判少年反敗為勝，而且全體陪審員也一致贊同少年勝訴，應該獲得鉅額理賠。

這完全是少年的辯護律師的功勞，在當天的最後辯論中，他深知「當理性無法戰勝時，只有訴諸感性」的道理，充滿感情地說了這麼一句話：「昨天，我看到少年用餐時，直接用舌頭去舔盤子裡的食物，使我難過得不禁掉下了眼淚。」這句話使陪審團的態度峰迴路轉，最後做出有利於少年的有利判決。因為人類畢竟是由感情操縱的動物，即使有千百個理由，也比不上一個令人感動的事實。

這個例子說明了，許多表面上看起來是理性的意見或判決，事實上往往是依賴人的感情和五官的感覺來做判斷的，也就是說，當理性無法改變事實時，訴諸感情或感覺可以突破難關，更能誘導反對者變成贊成者，這是潛在心理學的突破點。許多平常堅持以理性行事的人，感性更是他們的罩門，因為對於會隨著心情變化的情緒，他們更有著柔弱的一面。

這種人物的典型例子，在日本作家菊池寬的名著《考杉法官的立場》中，有淋漓盡致的描寫。這本書主要描寫考杉法官是一個非常有名的人道主義者，平時

他在審案判決時，總是同情罪犯，判刑判得很輕，而且判決過程總是反覆推敲、優柔寡斷，直到有一天夜裡，他自己家遭到強盜的襲擊，體驗到強烈的恐懼感，從此以後，他就變成了罪犯聞之色變的剋星了，因為每次審判時，他總是給予罪犯最嚴厲的處罰。

上述的兩個例子，都提醒我們在人際交往或處理事情時，感性比理性更重要，要懂得掌握人性潛在的弱點。用動情的話打動對方的心，往往比高談闊論更能收到意外的效果。

罵人不必用髒話

伯特勒曾說：「爭執的結果往往是這樣的，十之八九的人比先前更加相信自己絕對是正確的。」

有了批評，你更能勇往直前

> 不管別人是用什麼的角度批評你，你都要秉持自己的信念勇往直前，讓每一個不客氣的批評成為你更加成功的原動力。

你曾被外在的批評困擾嗎？請聽聽戴維‧克羅克特的這句座右銘：「確定你是對的，然後勇往直前。」

聰明的人會從積極的角度看待批評，包括那些不公正的責罵，他們會把別人的批評，視為改進自己、或激發鬥志的動力。

一九六二年，還未成名的披頭四合唱團，曾向英國威克唱片毛遂自薦，但是卻立刻被拒絕了，公司的負責人是這麼說的：「我不喜歡這群人的音樂，只是些

吉他合奏，太落伍了。」

你聽說過艾倫斯特‧馬哈嗎？他曾任維也納大學物理學教授，不屑地說：「我不承認愛因斯坦的相對論，正如我不承認原子的存在。」

愛因斯坦對他的批評並不在意，因為早在他十歲，還在慕尼黑唸小學的時候，任課老師就對他說：「你以後不會有出息。」

美國的國父華盛頓，也曾經被人罵是「偽君子」；《獨立宣言》的撰寫人，後來當上總統的湯馬斯‧傑佛遜也被罵說：「如果他成為總統，那麼我們將會看見我們的妻子和女兒，成為合法賣淫的犧牲者，我們會受到更多的羞辱和損害，我們的自尊和德行都將消失殆盡。」

然而，他們非但沒有被批評和辱罵嚇倒，反而保持更樂觀而自信的態度，讓自己對世界、對社會有了更深遠的影響。

換個角度想，受人批評輕視，其實並不是什麼壞事，至少可以提醒我們要努

力積極，讓自己擁有進步的動力。

英國國王愛德華八世（即溫莎公爵），年輕時曾經在一所海軍官校讀書。有一天，一位軍官發現十四歲的溫莎王子在哭泣，便上前詢問發生了什麼事情，才發現是溫莎王子原來被軍校的學生踢了一腳。

指揮官把所有的學生召集起來，要他們解釋原因，這些學生推託了半天，才解釋說，因為等他們成為皇家海軍的指揮官或艦長時，他們希望能夠誇耀地告訴人家，他們曾經踢過國王的屁股。

相對的，許多批評不也正是這種心理作祟之下的產物？

每個人都免不了會遭受批評和指責，特別是有成績、有名望的人，更是容易受到別人的非議。

因此，無論你是被人踢，還是被人惡意的批評，只要記得，他們之所以這麼做，只是想從中得到更多的滿足感而已，這通常也就表示你已有所成就，所以讓人特別注意。

德國哲學家叔本華說：「庸俗的人，只會在偉大的錯誤和愚昧行為中，才能得到最大的快感。」

很多人在批評比他們成功的人時，都只是為了得到一種阿Q式的快感，所以越成功的人受到的批評就越多，只有那些什麼都沒做或什麼都做不好的人，才能免除別人的批評。

所以，不管別人用什麼角度批評你，你都不必和他們一般見識，也不必浪費唇舌，而要秉持自己的信念勇往直前，讓每一個不客氣的批評成為你更加成功的原動力。

罵人不必用髒話

恩格爾曾說：「對智者固然要稱道，對愚者也不應嘲笑，至於對誹謗的最好回答，就是無言的蔑視。」

學習重複別人的話

> 如果是要吵架，彼此只顧著反擊對方就好了，可是，如果是要解決問題的話，就應該誠心去理解對方的想法。

李先生是一個公司的負責人，不管在業務上或是在管理上，都表現得很出色，唯有對自己的兒子，就是沒辦法和他溝通。

這一天，他又因為兒子晚歸而和兒子起衝突。就在雙方吵得面紅耳赤的時候，兒子突然對李先生說：「再這樣吵下去也不是辦法，能不能請你把我剛剛說的那句話說一遍給我聽？」

李先生楞了一楞，怎麼也想不起來兒子剛剛說了什麼。

「你看，從頭到尾，我說什麼你都沒有在聽。我們不是要溝通嗎？試著重複

彼此的話，否則這種爭吵會沒完沒了的。」兒子冷靜地對李先生說。

李先生接受了兒子的這個意見，結果出乎李先生的意料，兩人竟然能心平氣和地說話而不吵架！

李先生決定把這個辦法用在公司重要的採購會議中，這個會議的主題在討論所要採購的機器，到底要用哪一個國家的。採購部認為日本製的價格便宜，可是總工程師卻主張買美國製品。

在會議進行中，李先生讓總工程師發表意見。

總工程師的經驗告訴他，老闆問他只是個形式，因此說不到五分鐘就說沒意見了。

平時，李先生也會因此做出自己的決定，可是今天，他對總工程師說：「我重複一遍你說的話。你認為日本機器價格雖然便宜，可是售後服務有問題。因為語言不通，找來的翻譯對精密儀器又是外行，再發生相同問題的機會很高，所以算下來還是買美國貨比較便宜，對不對？」

總工程師聽了李先生的話，很高興地繼續補充自己的意見。就這麼你一言我一語的，大家討論出了一個彼此都能接受的方案。

如果是要吵架，彼此只顧著反擊對方就好了，可是，如果是要解決問題的話，就應該誠心去理解對方的想法。這個時候，試著重複一遍對方的話，會是將爭執消弭於無形的好辦法。

重複對方的話，一方面可以讓對方放心，知道你們之間沒有誤解，另一方面，也可以讓你在反擊或下結論前，把對方的意思消化一下，通常，這時你會發覺，吵架不再是吵架，而是積極的溝通了。

罵人不必用髒話

俄國作家克雷洛夫曾說：「自己的話應該少說，別人的話應該多聽；自己的思想越卑劣，就越會挑剔別人的錯誤。」

責備，是最愚蠢的行為

新加坡作家洪生在《人性談》裡說：「人如冬天裡的刺蝟，太過疏遠就會各自覺得寒冷，可是過於靠近又會互相刺傷。」

談到說話辦事技巧時，班傑明·富蘭克林曾在自傳中勸告世人說：「建立人際關係的第一要則，就是不要責備對方。」

美國總統林肯也曾語重心長地說：「責備與中傷是最愚蠢的行為。」

他們兩人年輕時代都經常為芝麻小事激烈指責別人，後來，也都從自己的慘痛經驗中，充分瞭解這種做法的愚昧。

有一次，林肯指責一位同僚的缺失，對方惱羞成怒，憤而向他挑戰，林肯差點就命歸黃泉。從此之後，他不再任意責備別人，即使是善意的批評，也儘量不

說。

這種改變，使得他的人際關係大為好轉，廣受大眾歡迎，後來終於成為美國歷史上偉大的政治家。

新加坡作家洪生在《人性談》裡說：「人如冬天裡的刺蝟，太過疏遠就會各自覺得寒冷，可是過於靠近又會互相刺傷。」

這是因為，人與人往來密切，不免因為錯綜複雜的人際關係，造成雙方或多方、或明或暗的攻擊。

絕大多數的人都認為自己的觀點和言行才是最正確的，錯誤的是社會大眾，無論何時何地，都本能地將自己美化、正確化；即使是被公認為性情乖僻的人，也會執拗地認為「眾人皆醉，唯我獨醒」，這是人類難以改變的心理特徵。就算是再怎麼客觀的批評或是再怎麼懇切的責備，一般人聽了，也會覺得自尊心受到傷害而難以接受。

因此，人只要一遭受批評，就立刻採取刺蝟般的防衛態度，豎起身上的每一根刺，加以反駁、反擊。即使他表現出虛懷若谷、勇於認錯的態度，心中也許還是忿忿不平，盤算著如何伺機報復。

日本明治時代的大作家夏目漱石對於這種現象有著極為深刻的體認，他曾經這麼說：「別人對你道歉，向你賠禮，如果你信以為真而原諒他，那你就是個誠實過頭的傻瓜。你必須這麼想：道歉只是表面上的道歉，原諒也是表面上的原諒。」

由此可見，率直地責備與批評別人，對自己根本沒有用處，只會使你的人際關係受到磨損。尤其是面對性情狡詐、陰沈的人，責備與批評只會浪費自己的生命，替自己製造潛伏的危機。

罵人不必用髒話

科比爾說：「談話永遠應當是旁敲側擊，而不應直來直往，使自己陷入無可退避的窘境。」

拍拍馬屁，才會討人歡喜

先真誠地讚美對方，拉近了彼此的距離之後，再開始解釋自己的想法，便能讓對方靜下心來傾聽，進而認同你的想法。

奧地利心理學家阿德勒在《超越自卑》一書中曾經指出：「我們在日常生活中所發生的一切衝突與糾紛，大都起因於那些讓人覺得討厭的聲音、語調，以及那些不良的談吐習慣。」

的確，在人與人互動的過程中，不能管好舌頭，不懂說話藝術和技巧的人，既不可能擁有良好的人際關係，辦事之時也不可能達成自己的目的。

幾乎沒有人喜歡聽別人直接指出自己的缺點，所以，當我們和別人溝通的時候，必須運用說話辦事的技巧，先真誠地讚美對方，製造愉快的氣氛，卸下對方

的心防，拉近彼此的心理距離。

只要能夠拉近了雙方心理上的距離，我們便能開始解釋自己的想法，對方也才不會拒人於千里之外，可以靜下心聆聽並認同我們的想法。

或許，有人會不屑地說：「做人應該像個男子漢大丈夫，行事光明磊落，為何要拍人馬屁？」

其實，拍馬屁並不是天花亂墜胡說一通，或是睜眼說瞎話隨便說說的，而是一種巧妙運用語言力量的藝術。

拍馬屁的時候，如果對象是年輕人，他們當然希望自己前途無量，所以應該稱讚他未來的潛力無窮。面對年紀較大的人，他們有兒有女，通常會把希望放在年輕的一輩，所以不妨將話題轉到他們的孩子們身上，甚至可以比較彼此的子女，指出孩子們青出於藍的地方，並且加以適度稱讚，如此一來，必定能讓他們高興得合不攏嘴。

有一則關於拍馬屁妙用的笑話，大意是這樣的：

有個馬屁專家死後，來到了閻羅王面前，閻羅王一見到他就拍案大罵：「好

一個刁鑽狡猾的東西，我最痛恨像你這樣的小人！」

馬屁專家一聽，連忙跪下叩頭喊道：「冤枉啊，閻王爺您有所不知，我之所以好拍馬屁，是因為世人都只喜歡聽好話，我才不得不隨波逐流。如果世人都能像大王您這樣明察秋毫、公正廉明，我哪裡需要這麼做呢？」

閻王高興的哈哈大笑，直說：「也對，諒你也不敢拍我馬屁。」

雖然這只是一則小笑話，然而其中也說明了拍馬屁的要訣，在於如何掌握分寸，如何把握住重點。

說話不能言過其實，既要讓對方能夠認同你的說法，卻又不能太過諂媚引人反感，這些都是不得不拍別人馬屁的時候，必須小心注意的地方！

其實，對於周遭的朋友和同事，偶爾也得拍拍馬屁。

日常生活中，人與人相處久了，難免會忽略應該有的禮貌，所以有人會說：

「朋友都那麼熟了，不需要在意那麼多禮節吧！」

正是因為彼此太熟了，我們才更要在見面時相互問候示好。

因為，我們得到他們的幫忙更多，能夠把感謝放在心上，把感激掛在口上，

更能突顯你的細心與用心。

不要感到不好意思，這些看來稀鬆平常的細節，其實隱藏著你心中的尊重及心意，是最不能忽略的地方。

罵人不必用髒話

戴爾・卡耐基說：「不尊重別人感情的人，最終只會引起別人的討厭與厭惡，很難達到溝通的目的。」

別以為自己沒有「說錯話」

留心對方的忌諱，看起來雖是芝麻細事，實際上卻是影響彼此關係的大事，如果因此而與人結怨而不自知，就真要吃不了兜著走了。

俄國諷刺小說家克雷洛夫在提及說話辦事的技巧時，曾經幽默地說過：「語言就像是一把剃刀，最鋒利的剃刀會幫你把臉刮得最乾淨，不過，你必須做到靈活地運用這把剃刀。」

各地風俗不同，待人接物的禮儀不同，習慣性的用語也不盡相同，因此，與新認識的人交往的時候，說話可要留心，否則一不小心脫口而出，犯了別人的忌諱，即使你表現得再有禮貌，在別人眼中也會成為無禮之人。

雖然不懂忌諱似乎情有可原，但是，冒犯了別人的禁忌就近乎失禮，在社交

上就很難推進友誼。

語言產生的誤會是很傷腦筋的，不可不留神。

在交際活動中，與你交談的對象或許有個人特殊的忌諱，那麼，你就要小心探聽明白，說話時不要觸及他的痛處。

譬如說，對方的親朋好友有過流言蜚語，如果你不知情，當他的面搬出張三李四的風流韻事任意閒談，在對方聽來，很可能以為你是在嘲諷他，雖然不便當場發作，但心裡必然對你忿恨不已，那以後還有什麼友誼而言？

例如，你交談的對象曾經做過販賣走私貨品、囤積居奇哄抬物價之類的壞事，現在雖然已經洗手不幹，但是倘使你不明底細，當著他的面大罵其他奸商，對方必然會窘迫得恨不得咬你一口。

因此，留心對方的忌諱，在交際活動中看起來雖是芝麻細事，實際上卻是影響彼此關係的大事。

因為，說話犯了忌，就會使別人把你當成不懂禮貌的莽撞之徒，如果因此而與人結怨而不自知，就真要吃不了兜著走了。

相對的，學會用讚美的語言去溫暖別人的心，讓別人喜歡你，這本身就是交

際活動中的禮儀。

當然，讚美要選擇適當的話題，否則，不合時宜地瞎吹亂捧，即使有「理」，

也會變得「無禮」了。

罵人不必用髒話

Ａ・格拉瓦說：「愛嘮叨的人所要說給別人聽的話，通常是他們獨

處之時自怨自艾的那些話。」

掌握致命武器進行攻擊

但當對手採用恐嚇或其他攻擊策略時，最好在初始階段就回擊，即使不能令他立即住手，至少也要讓他知道你是很難對付的對手，識破了他使用這種策略的用意所在。

十九世紀初期，英國有個占星家巴爾特，到處吹噓他的占星術如何靈驗，詐騙過許多人，也以此手段獲取了巨大的財富。

作家斯威夫特是有名的諷刺大師，對巴爾特的坑人把戲很厭惡，於是仿效這位占星家的計算法，編寫了一部《預言曆書》。

他在《預言曆書》上刊載了占星家巴爾特將於一八〇三年三月二十九日午夜十一點病故。

到了這一天，斯威夫特大師又大肆在廣告牌上發佈巴爾特已經死亡的公告。

巴爾特得知此事，氣得七竅生煙，暴跳如雷，卻又不得不四下闢謠，說自己並沒有死，仍然活得很好。

就在這個時候，斯威夫特向社會大眾宣佈，自己的《預言曆書》是按照巴爾特的占星術撰寫，可是現在，「該死的巴爾特」卻沒有死，預言無法應驗，所以他的占星術是荒謬騙人的。

從此以後，巴爾特說的話，再也沒人相信了。

將錯就錯是種反證法，由對方的虛假命題，推論出連對方也無法接受的結論，反過來證明自己的觀點是可信的。

當你發現對方用荒謬的觀點來蠱惑人心時，在還沒有掌握能夠一舉擊倒對方論點的武器時，最好不要立即回擊，因為你打不倒對方，對方就會反過來咬你一口，要再反擊難度就高了。

在沒有掌握致命武器前，要不動聲色的準備彈藥武器，千萬不要讓對方發覺你的行動。

只有在確定了對付的策略，如斯威夫特對付巴爾特的騙術一樣，把準備工作

全部做完後，才能向對方猛撲過去，一舉擊敗他。

談判中的反攻策略很多。但當對手採用恐嚇或其他攻擊策略時，最好在初始階段就回擊，即使不能令他立即住手，至少也讓他知道你是很難對付的對手，識破了他使用這種策略的用意。

如果對手對此做出否定回應，並繼續耍原本那一套，要克制住自己的情緒，別再進一步激起正面衝突，除非對方的過火行為，使你忍無可忍；因為你的最終目的是達成協定，而不是破裂。

如上例提到的謬論出現時，你就得認清對方正在使用的策略，然後找出巧妙的方法來對付。

如果採用一種不當的對付策略，例如在談判桌上一味責難對方，就會帶來難以預料的後果。

譬如，對方停止使用原本的策略，改用更險惡的招數，並且巧妙的隱藏起來，然後突然出其不意的攻擊你，不管你做什麼或說什麼，他都要吹毛求疵一番，而回答問題時卻避重就輕、含糊應付，或者反過來指出你的不當之處。也可能情況相反，對方先給你一劑甜蜜的毒藥，等到你吃虧上當時，就再也無招架之

力了。

罵人不必用髒話

柯尼克斯曾說：「提防不狂吠的狗，小心不冒煙的湯；不喜歡當面誇獎別人的人，不代表他不喜歡在背後挖苦別人。」

說話的態度左右你的前途

如果彼此有不同意見，只需讓他們知道自己的看法就行了，不必和他們激烈爭論，辯得臉紅脖子粗。

德國心理學家馬克‧拉莫斯曾經提醒我們：「不管贊成或者是反對某件事，兩種意見總是會有大量的理由。語言的藝術就在於你如何充分地表達，但是百分之九十九的人，卻經常忽略說話的重要性。」

想要建立良好的人際關係，成功地使事情朝自己期望的方向發展，就不能不加強自己說話的方式。

辦公室裡的人際關係錯綜複雜。對上班族來說，懂得應該怎樣應對進退，是

建立良好人際關係的第一大要素。

辦公室裡的談話辦事方式也是一門藝術。

首先，對年長的同事應當謙虛、服從。

年長的人生活經驗豐富，有很多值得年輕人學習的長處，但有時會過於保守謹慎。因此，與這些人交談時，即使你有不同看法，也不可採取不屑的態度，或口出狂言，應該給他們起碼的尊重。

如果在辦公室裡你是前輩，那麼，和年輕的同事談話時更應該拿捏應有的分寸，保持穩重的態度。

因為年輕人容易衝動，又缺乏工作經驗，因此說話之時，切記不要隨意附和，以免降低自己的身份。

如果彼此有不同意見，只需讓他們知道自己的看法就行了，不必和他們激烈爭論，辯得臉紅脖子粗。

此外，要想獲得年輕人的尊重，絕不可以信口開河、誇大其詞，一旦被他們發現，自然而然的，對你的尊重和信任也將消失。

有些人一和地位高的人談話，自卑感就會顯露出來，使原本清晰的思路變得模糊混亂，講話支支吾吾。

也有一些人和職位高的人說話時，習慣大言不慚，而且滿臉不屑的表情，缺乏最起碼的禮節與尊重。

這些都是錯誤的說話辦事態度。

與職位比自己高的同事說話，不管他是不是你的頂頭上司，都應當保持適度的禮貌，一則他的地位高於你，保持禮貌對你日後的工作會有所助益，若能從談話中知道一點公司的內幕，更將使你從中獲得某種機遇。

再者，他能爬到現在的位置，必定有某些能力、知識、經驗、智慧值得你學習，在口頭上尊重他也是應該的。

當然，尊重職位比你高的人，並非得做一隻應聲蟲不可，那樣的話，他會認為你是一個唯唯諾諾、毫無主見的人，對你留下一個難成大器的印象。

與職位高過自己的人談話，應該以他的談話為主題，多聽話、少插言，並做到集中精神。

自己講話時儘量不偏離主題，同時保持輕鬆自然的態度，坦白爽朗地說出自己的想法。

與地位低的同事談話也要掌握分寸，既不可一副趾高氣揚的模樣，也不要過於親密，更不要用教訓的口氣滔滔不絕地說個不停。應該保持和藹有禮的態度，對於他的工作成績加以肯定和讚美。

罵人不必用髒話

古希臘作家荷馬說：「把你激動的心情按捺下去，因為溫和的方式最適宜；還要遠離那些劇烈的競爭。」

幽默是緩和的良方

碰到死硬派時，爭辯得越凶，越容易造成雙方感情破裂，你若用軟釘子悄悄鑽進去，正中他的心，這顆心就變成了你的俘虜。

邁克爾是一位優秀的美國汽車推銷員，他對各種汽車的性能和特點都瞭如指掌。但是，他喜歡爭論，當顧客對產品過於挑剔時，他總是想盡辦法駁得對方啞口無言，還得意地說：「我讓這些傢伙大敗而歸。」

經理批評他：「在舌戰中越是勝利就越失職，因為你會得罪顧客，結果什麼也賣不出去。」

邁克爾細心體會之下，終於明白了這個道理。

後來他推銷福特牌汽車，一位客戶挖苦道：「什麼，福特？我喜歡的是雪佛

蘭汽車。福特送我，我都不要。」

若在往日，邁克爾定會反駁他到體無完膚。可是這次，他不但不去駁斥，反而臉上掛著笑，說道：「你說得不錯，雪佛蘭汽車的確很好，該廠設備精良，技術也很棒。既然你是位行家，那我們今天來討論福特牌汽車怎麼樣？希望先生多多指教。」

他與客戶談得投機時，大力宣揚福特的特殊優點，使客戶點頭認同，與他成交了一筆生意。

碰到死硬派時，爭辯得越凶，越容易造成雙方感情破裂，你若用軟釘子悄悄鑽進去，正中他的心，這顆心就變成了你的俘虜。

日常生活中，你若要化解對方心頭熊熊怒火，與其爭得臉紅耳赤，不如用「幽默」這個滅火器試一試。

一位女士怒氣衝天的闖進食品店，向營業員：「我叫兒子在你們這兒買的果醬，為什麼少了許多呢？」

営業員丈二金剛摸不著頭，因為她從沒有做過這樣的事，轉念一想，頓有所悟，禮貌性的回答說：「請你回去稱稱孩子的體重，看看是否增加了。」

這位母親恍然大悟，釋然道：「喔，對不起，誤會了。」

營業員認准果醬少了有兩個可能：一是自己裝錯，二是孩子偷吃。

營業員肯定自己沒有裝錯，於是只剩下一種可能，但若是明說：「我不會搞錯的，肯定是妳兒子偷吃了。」這樣非但平息不了這位母親的怒火，更會把已經很僵的事鬧得更僵。

而且，如果因而引發吵鬧，還會影響該店聲譽。

為此，她用婉轉的一句話，道出這位母親忽視的問題，既不使對方下不了台，又維護了商店的聲譽。

一位顧客在咖啡店喝咖啡時，發現一隻死蒼蠅浮在杯中，於是非常生氣的責問：「請問這是怎麼回事？」

服務小姐適時地露出甜美的笑答說：「恭喜您，您中了本店『再來一杯』的

「幸運獎。」

咖啡店為了設幸運獎而把死蒼蠅放在飲料裡，這豈不是天大的笑話？

但是，服務小姐靈機一動，用幽默的話語巧妙的迴避了可怕的事實，消除顧客忿忿不平的心理。

罵人不必用髒話

西魯斯曾說：「千萬不要開傻瓜的玩笑，也不要和他們爭辯，否則，到最後旁人會搞不清楚，到底誰才是傻瓜。」

09

說話，
不要太過情緒化

說話的效果是人際關係的基礎，

說話的效果代表各式各樣的人際關係。

因為人與人之間的遠近親疏都可以從這些

「效果」中呈現出來。

用正面的激勵達成自己的目的

用命令口氣催人辦事往往會令人反感。正面表揚的方式既給足了屬下面子，又增強了他們的信心，這樣自然會把事情做得更好。

想要建立良好的人際關係，成功地使事情朝自己期望的方向發展，就不能不加強自己說話的方式。

有時冷酷而嚴肅地批評屬下往往會適得其反，這時領導者應該用正面激勵法，主動鼓勵他們，這種方式的效果多半比較好。

成功學大師卡耐基本人就有過這樣的經驗。

某年秋天，卡耐基正坐在窗邊看書，突然接到一通電話。

「喂，我找卡耐基先生。」

「我就是。」

「太好了，我想和您討論如何與屬下相處的問題。」

那個人叫羅洛，是一家公司的經理。他與卡耐基很就約定了見面的時間和地點。到了約定的時間，羅洛比卡耐基更早來到約定的酒店，卡耐基剛走進來，他立即迎了上去，並開門見山地說：「我想請教要怎樣與屬下相處融洽的問題，還有這會有助於我的事業發展嗎？」

「你常嚴肅地對待和指責屬下嗎？」卡耐基問。

「有時，當我氣憤時會這麼做。」

「那你常表揚和正面鼓勵他們嗎？」卡耐基繼續問道。

「很少，即使屬下表現很優秀，我也很少表揚他們。」

卡耐基笑了笑，告訴他任何人都需要表揚與鼓勵，尤其是受到上司或父母鼓勵時更讓人振奮，創造力會提高百分之八十，並建議他多表揚和誇獎屬下，這有利於溝通。

羅洛恍然大悟，握住卡耐基的手不住稱謝。十天後他們第二次見面了，羅洛滿臉興奮地說：「卡耐基先生，您說的建議眞管用。我第二天上班時表揚了我秘書寫的文件，想不到她工作得更努力了。」

由此可見，當你鼓勵屬下後，他們做事會更和諧、更迅速，相反的，用命令口氣催人辦事往往會令人反感，甚至無法把事情辦好。

這是因爲，正面表揚的方式既給足了屬下面子，又增強了他們的信心，這樣自然會把事情做得更好。

罵人不必用髒話

赫伯特曾經說過：「那些只會嚼舌根、談是非的人，就像池塘裡的青蛙一樣，成天喝水而且聒噪不休。」

在背後讚美是最高段的恭維

人很自然地會去懷疑面對面說話的人的誠意，但對於背後聽來的讚美就覺得非常順耳，因為誰也不會懷疑讚美者的真誠。

有時候，當面恭維得太多並沒有益處，反倒是間接的頌揚能發揮強大的功效。

在別人的背後稱讚他，在各種恭維方法中，要算是最悅人，也最有效的了。

舉例來說，當你知道某某人在背後說你好話，你會不高興嗎？

這樣的讚揚當面說，或許反而收不到良好的效果，因為人很自然地會去懷疑面對面說話的人的誠意，但對於背後聽來的讚美就覺得非常順耳，因為誰也不會懷疑讚美者的真誠。

如何用恰當的方式恭維別人，是社交活動中必學的課程。

羅斯福總統的副官布德，曾經尖銳地批評那些喜歡恭維羅斯福的人爲「瘋狂的搖尾者」。

布德十分欽佩羅斯福，但他決心不做「瘋狂的搖尾者」，可是沒有幾個人，能像他那樣深得羅斯福賞識。

實際上，偉大的人物並不喜歡整天被人恭維和讚美，尤其是羅斯福，他看不起那些滿嘴只會說恭維話的人，他更歡迎批評他的朋友。布德就是深知羅斯福的這種心理，採取逆向操作，而達到自己恭維的目的。

從羅斯福的例子，我們可以得知，間接的頌揚能發揮強大的功效。

吉斯斐爾勳爵說：「這種馭人術，是一種最高段的技巧。在人的背後稱頌人，那聽的人因爲想獻殷勤，會自動地把你的話傳述給你所讚頌的人，甚至會再加油添醋一番；在各種恭維方法中，這種方法要算是最悅人，也最有效的了。」

還有一種間接的恭維方式，是借別人的話來達到自己恭維人的目的。譬如，倘若某君自認爲對收藏方面頗有鑑賞力，你可以當著他的面說：「某某人曾談起，你對收藏方面的鑑賞力實在無人可及。」

他聽了這番話後，肯定會覺得高興。

這個方式，不外乎使你想要恭維的人，自以為是別人在頌揚他那優秀的能力，而實際上是你當著他的面，把自己的恭維變成為別人的頌揚。

罵人不必用髒話

莎士比亞說：「要是你說了一堆自己難以遵守的誓言，就必須知道如何一邊背叛誓言，一邊把自己的信譽保全。」

用舌頭塑造自己的形象

你可以透過外在的語言去欺瞞、誤導對方，也可以透過行為塑造出自己想要的形象！這形象既可以是真象，也可以是假象。

心理學家都認為，人與人交談過程中，無論是談論商務還是談情說愛，四目交投的最主要目的，在於探索、揣測對方的反應。

通常，我們只能根據和談話對象不經意流露的眼神和細微的行為反應，來判斷對方的心理狀態。觀察對方的肢體動作和所說的言語，揣摩對方的想法，洽談生意的人可以選擇最適當的時機，提出對自己有利的條件，談情說愛的人也可以順水推舟，藉機讓彼此的關係更加親密。

但有趣的是，不管對方的眼神流轉或肢體語言是否表現出「鼓勵作用」，其

實，我們看到的只是對方的外在表情，無法確切知道對方的心裡究竟打什麼如意算盤。也就是說，和別人「交手過招」，你只能明確知道自己在想什麼，至於對方，只能憑一些細微表情去判斷他的意向。

儘管我們可以「假設」對方的表情已真實反映了他的內心世界，也可以認為自己的「假設」非常正確，可是，事實往往會與自己所虛擬的情境有所出入。現代禪學大師南懷瑾就曾說過：「人心與學術一樣，都是詭怪得難以理喻，古今中外均是如此。」

譬如，當你慷慨激昂地發表演說，或是與朋友侃侃而談時，別人或許可以從你的言談和肢體語言，隱約猜測出你的心理狀態，但是，絕對無法全盤了解你縱橫交錯的心思，只有你才能確切知道自己心裡正在想什麼，至於旁人只是根據你的言談和表情加以揣摩。

對旁觀者來說，「你」這個人完全由「你的行為」來代表，他們只能根據你的談話和行為來判斷你大約是屬於哪類人，而難以深入你的內心世界，透徹了解你到底在想什麼。

莎士比亞曾經說：「世上還沒有一種方法，可以從一個人的臉上探查出他的

居心。」這番話告訴我們，人絕對可以透過刻意整飭過的行為，虛擬一個對自己

有利的形象，贏得別人的好感，減少許多無謂的摩擦和阻礙。

所謂「知人知面不知心」，強調的就是，我們對一個人的了解，常常只是冰

山裸露的一角。因此，你可以透過外在的語言去欺瞞、誤導對方，也可以透過行

為塑造出自己想要的形象！

這形象既可以是真象，也可以是假象。

不信的話，從現在起，你就可以試試。

美國作家豪說：「在蠻荒的古代，人們用斧頭相鬥；文明人埋掉了

斧頭，他們的格鬥靠的是舌頭。」

如何用妙語讓自己脫離窘境

你必須頭腦冷靜地控制自己的情緒，運用語言的藝術，尤其是以急中生智的幽默感去對付尷尬。運用得當，能收到直言難以達到的效果。

我們在日常的社交活動中，總難免遇到一些令人難堪的窘境和難以回答的問題。這時候該如何說話最恰當？

大原則應該是明辨事理，說話得體；該直言則直言，該含糊就含糊，該超脫就超脫。

總之，從實際出發，視情況而定。

但是，有一點要特別注意：當有人故意給你難堪並使你的感情受到傷害，你可不要只顧著氣憤，更不要大發雷霆去硬碰硬，那樣只會使矛盾激化，鬧得兩敗

俱傷。

當然，你也不可只張口結舌滿臉羞紅，使對方覺得你軟弱可欺，那樣他可能會變本加厲地嘲弄你。

你必須頭腦冷靜地控制自己的情緒，運用語言的力量和說話的藝術，尤其是以急中生智的幽默感去對付。

當然，也可能對方並非惡意，有時候是無心之過。不論如何，你應該牢記的是，無論遇到哪種情況，大原則是恰當得體。

我們與人交談時應該注意，答話時千萬別含糊，否則容易產生誤會，萬一你無法自圓其說，必定陷入窘境，任何說話技巧都無濟於事。

所以，說話的時候，一定要把握主旨和邏輯，要恰到好處，以免言談有失，授人把柄，甚至作繭自縛。

這是避免錯誤，擺脫窘境的根本方法。

假如朋友或同事在公開場合責備你，而情況與事實又有出入，這肯定使你難堪。這時，你該怎麼辦呢？

你應該心平氣和地直言：「我們是否私下談談？我想請你調查清楚了再說

話。不然，我以後很難和你相處。」

倘若親友無緣無故責備你，你也應該明確地跟他說：「你讓我十分難堪，請你告訴我這是為什麼？我哪裡得罪你了？」

當然，假使是你自己做錯了事，哪怕是無意的，也要誠懇道歉。這就是明辨事理，直言不諱，這才是擺脫窘境的方法。

罵人不必用髒話

德國思想家歌德說：「只要知道自己會多麼經常誤解別人，誰也不會在社交中多說話。」

多傾聽下屬心裡在想什麼？

領導者的觀察入微是與下屬們進行溝通的好辦法。因為，一般而言，當下屬的心情起變化時，他會不自覺地透過表情動作表現出來。

多聽少說、多鼓勵少批評，多以身作則少高談闊論，是領導者與下屬建立和詢關係的重要方法。

領導者面對下屬時，要多傾聽少說話。

領導者擁有一副伶牙俐齒，當然是好事，因為好的口才是一個優秀領導者的必備素質之一。但是，領導者也一定要記住，凡事過猶不及，不能仗著自己口才好，就整天喋喋不休，對下屬進行疲勞轟炸。

常言道：「會說的不如會聽的」，「禍從口出，言多必失」……等。因此，

當領導者與下屬互動時，一定要管住自己的嘴巴，豎起自己的耳朵認真傾聽，才是上策。

事實上，多聽少說，好處非常之多，不僅可給人留下一個穩重內斂的印象，而且可以藉機充分瞭解下情和下屬的心理，還可以使下屬覺得你是一個可以信賴和傾訴的物件，可謂一石三鳥。

但是，聆聽下屬傾訴，也是一門藝術，不能只是翹起二郎腿，一言不發，毫無表情，必須掌握四個重點：

一、要充分關注對方的狀態，對別人所講的話偶爾可以詢問一兩句，表示你對他的話感興趣。

二、要看著對方，不要渾身搖擺不定，眼睛東張西望，或發出各種響聲。除非對方嘮嘮叨叨了，已經耽擱了你許多寶貴工作時間。

三、不要輕易去下結論，無論他所說的是正面的意見還是負面的牢騷，你都不要去爭辯和反駁。

四、努力從對方的言辭中瞭解他真正的心態，既要用耳朵去聽，也要用心去聽，因為有些下屬並不會把他的意思全部明白地表露出來。

再者，領導者要善於對下屬察言觀色。

通常是下屬們對領導者察言觀色，但聰明的領導者往往會反其道而行之，以此來決定自己要採取什麼步驟。

譬如，領導者正在批評一個下屬，一旦發現下屬的臉色呈現出承受不了的表情時，就應趕緊打住對他的批評，換一個角度或改變語氣來對他進行教育，和他聊聊生活瑣事，或跟他談一些他感興趣的話題。

領導者的觀察入微是與下屬們進行溝通的好辦法。因為，一般而言，當下屬的心情起變化時，他會不自覺地透過表情動作表現出來，如臉部、手腳及眼神的一些小動作，及聲音的大小和語氣……等。領導者往往可以透過這些細微的變化，看出下屬們心中的所想所思。

此外，領導者要善於掌握下屬們的心理狀態。

以「反敗為勝」聞名的美國克萊斯勒汽車公司總裁艾科卡就是一個善於利用心理學進行溝通的人。

譬如，他主張，當下屬們興高采烈的時候，就要讓他們多做點事；而他們心灰意冷之時，則不要使他們太難堪。

在下屬們取得了成績的時候，經理人員要及時地肯定和表揚。相反的，當下屬因失敗而悶悶不樂時，經理人員千萬不要落井下石，否則，會嚴重損害領導者在下屬心目中的形象。

艾科卡還說過一句有名的話：「要讚揚某人，用白紙黑字，要訓斥某人，就在私下裡說說或打個電話。」

正因為艾科卡如此地注意下屬們的心理，所以他才贏得了下屬們的支持，樂意聽從他的領導。

罵人不必用髒話

西班牙作家格拉西安說：「如果獨自對自己說話是愚蠢的，那麼在別人面前只聽自己說話，就是雙倍的不智了。」

不要曝露自己的秘密武器

一個人如果過於直白，實際是自我暴露，是把自己的一切翻出來給你的對手看，使你的對手在未來的爭鬥中一槍便打準你的要害。

《孫子兵法》上說：「不知彼不知己，百戰百殆；知己而不知彼，一戰一殆；知彼知己，百戰不殆。」

毫無疑問，這個原則對作戰的雙方來說都適用。

對自己和對方的情況一無所知，肯定沒有取勝的可能；只瞭解自己的情況而不瞭解對手的情況，那麼勝負的概率為五十％；對雙方的情況瞭如指掌，那才有取得勝利的把握，才能百戰不殆。

一個人如果過於直白，實際是自我暴露，是把自己的一切翻出來給你的對手

看，使你的對手在未來的爭鬥中一槍便打準你的要害。

如果說話含蓄一點，模糊一些，那麼對手就莫測高深，不知道你的所思所想，不知道你的秘密武器，更不知道你的要害所在。

唯有這樣，才有可能置對手於不利位置。

概括地說，「逢人只說三分話」至少有以下幾點好處：

1. 使對手無法知道你的真實想法；

2. 使對方在對你的攻擊中無從下手；使你的出擊居於主動。

3. 迫使對方只能處於守勢；

以上所講的只是謹防禍從口出，這與「縱是實話也虛說」在道理上是一樣的，只不過「縱是實話也虛說」相對地講具有某種攻擊性的意味。

因為它不單單是自己不要暴露自己，而且要更進一層，要用「實話虛說」給對方製造混亂，向對方施放煙霧彈，從而達到使對方不知所措，從而迷失的目的。

如果用《孫子兵法》上的說法叫做「亂兵引勝」，就是使對方發生混亂，以致將已經到手的勝利也丟失得無影無蹤。

逢人只講三分話是守，實話虛說則傾向於攻。

只有攻守兼備才是制勝的唯一途徑。

罵人不必用髒話

英國作家包斯威爾說：「談話的時候總是為了炫耀自己的人，永遠不可能討人喜歡。」

從說話態度推測一個人的性格

說話抑揚頓挫變化激烈的人，通常有卓越的說服力，給人善於言詞表達的感覺，但這也是自我表現慾望強烈的證據。

美國心理學泰斗威廉‧詹姆斯曾經提醒世人說：「一個人所讀的書，所交的朋友，嘴裡所說的話語，乃至說話方式，都是他內在性格的表露痕跡，其中又以說話方式最值得我們觀察注意。」

一個人說話的聲調和速度非常重要，可以從中觀察出他的心理狀況。

要是對方說話的速度放慢，表示他對你有所不滿。相反的，說話速度加快，則是他在人前抱有自卑感或話中有詐的證據。

突然快速急辯也是同樣的心理。

例如，罪犯在說謊時，根本聽不進旁人在說什麼，只會滔滔不絕地為自己辯護，因為，他們有不欲人知的秘密藏在心裡。

也有的人說著說著，會突然提高了音調叫道：「連這個都不懂！這個連小學生都會的你也不懂！」

像這樣惡形惡狀的咆哮，是期望別人服從自己；相反的，假如音調突然變得低聲下氣的話，則是自卑感作祟，或膽怯、說謊的表現。

說話抑揚頓挫變化激烈的人，通常有卓越的說服力，給人善於言詞表達的感覺，但這也是自我表現慾望強烈的證據。

說話小聲、言詞閃爍的人具有共通的特點，如果不是對自己沒有自信，就是屬於女性性格，和低聲下氣的說話類型心理相似。

也有的人喜歡在一個話題繞個沒完、扯個不停，就算你想阻止他繼續說下去，明白地表示：「我已經了解你要說的意思了！」他卻絲毫沒有停下來的樣子。這種說話的方式，是害怕對方反駁的證據。

也有的人只會隨便附和幫腔，例如：「你說的沒錯！」「說得是！」……等等，這種人根本不理解別人在說些什麼，同時對談話的內容也一竅不通。如果你

在說話時，有人在一旁當應聲蟲，你必須明白這一點才行。要是你誤以為對方了解你的談話，那你就變成丑角了。

其實，每個人說話都有一定的特性和習慣，某些常用的詞語與字眼，往往反映出說話者的真實性格。

在談話中常使用「我」的人，是自我表現慾相當強烈的人。

在對話中，大量摻雜外文的人，可能在知識方面相當廣泛，但也有可能是一知半解，只是藉此遮飾自己的才疏學淺。

也有人喜歡用「我認為」、「我想」……之類的口氣，這種人看似慎重，其實也有可能是膽怯的象徵。

這種人個性陰晴不定，對別人的警戒、防衛心理也相當強烈。初見之下，似乎和藹可親，但是當你放心地與他親近時，他又會擺出一副冷若冰霜、瞧不起人的姿態，所以和這種人相處需要相當謹慎。

除此以外，一見到女人就刻意表現出溫柔親切的態度，或有意無意說出性方面用語的人也不少。

在女性面前，突然以謹慎恭敬的口氣說話的男人，都屬於雙重性格的人，這

種人通常在職業上被壓抑，例如學者、醫生、律師、政客……等腦力勞動者居多。

至於說話中從不涉及性方面用語的人，並不表示他們特別純潔高尚，這種人往往是繃著面孔的假道學，與這種人交往，更應特別小心。

罵人不必用髒話

哈茲里特說：「當我們對別人表現出極大的蔑視時，那正說明了我們與對方其實相去不遠。」

說話，不要太過情緒化

説話的效果是人際關係的基礎，説話的效果代表式各樣的人際關係。

因為人與人之間的遠近親疏都可以從這些「效果」中呈現出來。

一般來說，當你碰到自己喜歡的人向你提到：「有件事情想請你幫忙，但是……」你肯定會先表態，搶著說：「我替你辦！究竟是什麼事情呢？」然後，再了解事情的內容。

但是，如果是你很討厭的人要請你幫忙，你的回答肯定就不一樣了，你可能會答道：「究竟是什麼事？我手頭上還有許多重要的事要辦，恐怕……」一開始就擺出拒絕的態度。

這個例子說明，即使是相同的一件事，由喜愛的人提出或是由討厭的人提

出，接受的方式必然完全不同。

如果是喜愛的人，就算再忙也會勉為其難答應，反之，接受的程度就會大打折扣。

譬如，有人多次在你面前提到H先生總在背後說你壞話，如果你對H先生的印象很不錯，你也許就會回答說：「不會的，他那個人我了解，他不會背後說人的壞話。」或者至多問一句：「真的嗎？」

如果H先生是一個你很討厭的人，你的反應就截然不同了。

你肯定會答道：「哼，果然是他在背後說我壞話！」或者說：「我早就料到了，他就是這麼討厭的小人。」

其實，不管多麼冷靜理性的人，要完全戰勝自己的情緒，來接受別人的話，都是一件困難的事情。

說話的效果是人際關係的基礎，換句話說，說話的效果代表各式各樣的人際關係。因為人與人之間的遠近親疏都可以從這些「效果」中呈現出來。

我們提出的事情能被欣然接受，無疑是件值得高興的事，因為，很多時候我們所說的話會遭到惡意扭曲，或者一開始就被拒絕，令自己尷尬不已。

想要避免這些難堪的局面，平常就要預先建立好人際關係。

當然，萬一達不到，或是在講話途中有一點小誤會，除非你想惹人討厭，否

則，最好先戰勝自己的情緒再開口。

罵人不必用髒話

英國作家斯威夫特說：「在交談當中，有的人用些陳腔濫調折磨著

每一個賓客，不讓自己的舌頭休息片刻，卻自以為是學識淵博。」

別人為什麼把你的話當成耳邊風？

說話時，自己要常先在心裡自問：「這樣說可以嗎？」，否則，對方可能會「有聽沒有懂」，甚至把你的話當耳邊風。

英國作家哈代曾說：「有些人就像行星一樣，行動的時候，總是會把周圍的氣氛帶動起來。」

在現實生活中，有的人不管走到哪裡，都處處受人歡迎，做起事來左右逢源。

有的人卻寸步難行，即使在家庭、學校或工作場合，做事也處處碰壁，幾乎沒人願意和他進行良性互動。

其實，造成兩者之間的差別，原因就在於是否懂得拿捏說話的方式和分寸。

只有懂得如何說話辦事的人，才可能吸納周遭的能量供自己使用。

透過打招呼與自我介紹，我們可以抓住人際關係的契機，善用日常會話則更能促進彼此之間的交情。

日常會話的目標並非討論深奧的議題內容，或解決難纏的問題，主要是在放鬆心情，享受對話的樂趣，謀求彼此心靈的交流。

透過會話還能滿足一些需求，諸如轉換氣氛或表現自我。

因此，為了加深人際關係，或增強辦事效率，磨練自己的會話能力是非常重要的。需要注意的事項如下：

明白會話中的真正意思——也就是會話中一起交談的事情。

因為會話並非僅由特定的人唱獨角戲，而是與對方交換的共同行為。

會話具有回應的特性——不管提到什麼事，有的人都會不耐煩地回答「哦」、「不」等無精打彩的話，這將無法使會話熱鬧起來。

造成這種情況的主要原因，多半是沒有回應的話題，或者有一方意興闌珊，無意參與該會話。

其實，只要有豐富的談話題材，會話就不會冷場。

因為，人類具有自我表現的本能和需求，因此，一旦有說話的機會時，就會

自發性地想說話。

如果一來一往不斷地進行，會話的過程就會起勁，參加者的心靈交流就更加活潑。

對於充實話題方面，先決條件是當接觸事物時，不要失去新鮮感，要維持精神的年輕。

如果未受感動，將是精神的老化現象。

不要陷入自以為是的話題──很多人像雜學博士一樣萬事通，並認為那才是會話高手的條件，實際上這是一種誤解。

雖然會話是一件相當重要的事情，但如果盡談此對方不感興趣的話題，等於一個人自說自聽一樣。

會話起勁的重點是，以說話者與聆聽者共通的話題交談。倘使有人將會話流於說教，當然使人厭煩。

留意不達反規則──不要在別人說話的時候潑冷水，或在話中找碴，以及獨佔講話的時間……等，這些都違反會話的基本原則，如果一再違反這些原則，別人將會對你「敬而遠之」。

說話時，自己要常先在心裡自問：「這樣說可以嗎？」否則，對方可能會

「有聽沒有懂」，甚至把你的話當耳邊風。

就算是平常的聊天，如果你所說的話不經大腦，無法使對方明白自己究竟在

說什麼，也容易在不知不覺之間使聽講的對方藉機遁逃，最後就會變成自己一人

唱獨角戲的局面。

罵人不必用髒話

薩笛說：「口中的舌頭是什麼？它是智慧寶箱的鑰匙，只要不打開，

誰都不知道裡面裝的是珠寶還是雜貨。」

10

如何套出
別人的真心話？

想了解初次見面的人言詞是否真實，
或是他對交談話題的關心程度，
可以用壓迫性交談的手法，
故意與對方唱反調，是最常用的一種方法。

善用誇獎，自能如願以償

> 誇獎是一門藝術，巧妙的誇獎可以使別人和自己快樂，唯有真心誠意的稱讚他人，才會為你帶來好處。

法國哲學家盧梭在《愛彌爾》裡寫道：「對別人表示關心和善意，比任何禮物都有效，比任何禮物對別人還要有更大的利益。」

這番話運用在部屬與上司的關係之中，也相當適用。能恰到好處地誇獎別人是一種卓越的領導技巧，有時僅是一句輕描淡寫的誇獎，就能給部屬仿佛春風拂面的愉悅感覺，甚至能使自己的目的如願以償。

人類都有渴望得到別人讚賞的天性，這正是我們之所以要稱讚別人的原因。

稱讚別人不必用什麼華麗的言語，即使是用最平常的語言，也能有意想不到的效

果。對你來說，稱讚也許是再簡單不過的事，但卻能使別人愉快、振奮，甚至對方可能因爲這句讚美而改變一生。

成功學大師卡耐基就很會誇獎別人，懂得如何利用誇獎使對方更加進步。

曾有一個例子是，卡耐基曾經有一位來自匹茲堡的學生，名叫比西奇，在課業方面的表現總是比別人差，因而對自己失望到了極點。終於有一天，他來到卡耐基的辦公室說：「卡耐基先生，我打算退學。」

「爲什麼呢？」卡耐基問。

「因爲我太笨了，無法學會你的課程。」比西奇難過地回答。

「可是，我並不這麼認爲啊！我發現這半個月以來，你有很大的進步，而且在我的印象中，你始終是個相當勤奮的學生，怎麼可以隨隨便便提出退學呢？」卡耐基很認真地回答他。

「真的嗎？你確實是這麼認爲嗎？」比西奇驚喜地問。

「真的。而且我認爲照這樣努力下去，你一定能在結業時取得優異的成績。」

卡耐基繼續說：「我小時候，人們也都覺得我很笨，將來肯定不會有什麼出息，

你比當年的我要好太多了！」

比西奇聽了卡耐基的話後，內心燃起了希望之火，也更加努力、勤奮地學習，最後果真在結業時拿到傲人的成績。

比西奇畢業後，在自己家鄉開了一間肉品工廠，卡耐基依然在他事業不順利的時候鼓勵和誇獎他。卡耐基在寫給他的信中說：「肉品工廠很不錯，很有發展前景，我相信只要你好好努力，一定會相當成功。」

比西奇從卡耐基的言語中受到莫大的鼓舞，同時他也將誇獎的技巧用到自己的員工身上，沒想到成效甚佳。在經濟大蕭條的年代裡，美國處處都面臨著危機，但是，比西奇的肉品工廠不但保住了自己原本的生意，而且還擴大了市場，這的確可以說是一件難得的奇蹟。

後來，比西奇回憶說，他的肉品工廠之所以沒有垮掉，原因就在於他運用卡耐基教導他的誇獎技巧，使整個工廠上下一心，才得以存活下來。

除此之外，稱讚也是一種重要的交際手段，可以運用在工作場合中的任何瑣事上。例如，當你看見一位女下屬或女同事穿了一件新衣服，就可以稱讚說：

「妳穿這件衣服真漂亮！」

如此一來，她可能就會因為這一句話而一整天心情愉快。

也可以對那些忙得不可開交的部屬誇獎道：「你們做得很好，辛苦了！」如此，對方就會感到自己得到別人的肯定，很樂意再貢獻自己的心力。

誇獎是一門藝術，巧妙的誇獎可以使別人和自己快樂，但誇獎絕對不是拍馬屁，若你將兩者視為相同的東西，那麼你的稱讚不但不會讓對方開心，有時候還會適得其反，讓人覺得噁心、虛偽。

要記住，唯有真心誠意的稱讚他人，才會為你帶來好處。

罵人不必用髒話

英國作家喬叟曾經寫道：「如果你能夠把諂媚的花言巧語讓人聽起來變成坦率懇切的苦口良言，那麼你就離成功不遠了。」

你懂得傾聽別人說話嗎？

只要多發掘緘默的好處，多磨練自己聆聽的能力，一定能收到超乎想像的效果，切莫忘記「沈默是金，雄辯是銀」的古訓。

義大利有句諺語說：「舌頭雖小，卻可以拯救一座城市。」

的確，一把槍固然可以使一個人屈服，但是，如果想贏得一個人的心，還是必須透過發自內心的言語，並且用高明的談話技巧使對方心悅誠服。

在日常生活裡，每一個人都有自己的成長環境和生活背景，所以，一個人多采多姿的人生經歷，往往就是一篇篇引人入勝的精彩故事。有時候，人再怎麼發揮想像力，都比不上這些故事來得真實刺激。

分享別人的經驗時，為了替自己樹立良好的形象，首先必須學會聆聽。

「聽」，是透過一個人的聽覺，察覺出周遭聲音的來源。「聆聽」則是為了明白聲音的含義而集中注意力，全神貫注傾聽特定對象說話。

每個人或多或少會在聽別人講話的過程中出現精神渙散的毛病，有時候，如果不注意傾聽說話的內容，只一味地茫然附和，不但容易錯失許多寶貴的經驗、知識，也會讓對方留下不良印象。

你是不是常常全神貫注地聆聽別人說話？

其實，每個人都曾有過心不在焉的情形。有時候，你明明想仔細聆聽，但注意力卻因為過多聯想而分散，有時是因為對話題不感興趣，有時則是因為說話者的說話技巧不佳，因此談話內容成了馬耳東風。

值得注意的是，聽者的神態盡在說者的眼裡，如果你認真地傾聽別人說話，自然能給予說話者強而有力的鼓勵，說話的人對你的評價將會比實際上高出許多。

「聽話」時的行為表現，對於在別人心目中建立良好的形象，增進自己的人際關係，有相當關鍵的影響。

有的人沉默寡言，總是全神貫注傾聽其他人所說的話，看起來像一個低能者，其實他才是最聰明的。

夏里・哈特的小說《愛神的化身》裡頭的主角，是個喜歡傾聽別人說話的人，凝神傾聽就是他日常生活中最常應用的武器。

夏里・哈特認為，絕大多數的人總喜歡不停地說話，反而會從沉默寡言的人身上逐漸察覺自己的膚淺與無聊。

沈默可以抵擋席捲這個社會缺乏思慮的聒噪洪流。

只要多發掘緘默的好處，多磨練自己聆聽的能力，一定能收到超乎想像的效果，切莫忘記「沈默是金，雄辯是銀」的古訓。

學習聽講的技能，是一項很重要的人生課題，也將是你終身受用的工具。

要一個人成為優秀的聽眾也許很難，然而，一旦能將這種寶貴的能力應用到實際生活上，應用到為人處世上，就能一生受用不盡。

孔子提醒我們「三人行必有我師」，這是因為每一個人都有值得學習的優點，有些人說話口齒笨拙、詞不達意，但仔細觀察他的行為舉止，有時卻可以發現其中蘊藏著豐碩的內涵。

這就是為什麼，經常觀察別人言談時所顯示出的品味、風格、肢體動作，會讓人覺得趣味無窮。

與人交往過程中，不妨常常扮演一個熱心、冷靜的觀察家，凝神傾聽別人說話，不但能使你的生活更豐富，還能使你的形象更加圓滿。

罵人不必用髒話

霍姆斯說：「談話有如彈琴，用手按住琴絃使它停止發出聲響，和撥動琴絃使它產生音樂同樣重要。」

如何套出別人的真心話？

想了解初次見面的人言詞是否真實，或是他對交談話題的關心程度，可以用壓迫性交談的手法，故意與對方唱反調，是最常用的一種方法。

在以了解對方的人品及想法為目的的交談中，想要在有限的時間內盡可能地得到正確的資訊，就必須使用各種深層的談話方法，其中最有效的方法是壓迫性交談。

壓迫性交談，是向談話對象提出令他不快的問題，或是將對方置於孤立狀態，使他做出決斷的方法。

換言之，就是「虐待」對方，將他趕入不利的處境中而觀察反應的方法。

在危急的情況下，一般人都會露出赤裸裸的自我，也就是說，平常用來掩

飾、表現理智的面具會脫落，最後吐露真言。

以積極果敢的採訪方式聞名國際政界的日本新聞記者落合信彥，在其著作中曾經記述自己的採訪信條，就是挑起採訪對象的憤怒。

為了打破受訪者牢固的心理防衛，套出他們的真心話，落合信彥常常故意做出不禮貌的舉動，或是故意提出一些逆拂對方的問題，用壓迫性的交談逼他們吐出真話。

落合信彥之所以能夠得知其他記者所無法挖掘的極機密的資料，這種突破他人心理防衛的巧妙採訪方法，對他助益不少。

想了解初次見面的人言詞是否真實，或是他對交談的話題的關心程度，可以用壓迫性交談的手法；故意與對方唱反調，是最常用的一種方法。

但是，要注意的是，不論如何探索對方的真意，如果引起對方憤怒的話，就有可能造成負面效果。

如果，你認為就此與對方斷絕關係也無妨，或是自信能平靜對方的怒氣並恢復良好關係，當然另當別論，但是，若是情形並非如此，就有必要慎重處理了。

因此，最好的方式是借用第三者來提出反論，以避免自己提出反論時引起對方的

反感而使雙方關係生變。

不論如何，唱反調是使對方感到不快的交談方式，最好只在有必要認清對方的真意或人性時運用。

罵人不必用髒話

普倫斯帝說：「有人把阿諛奉承誤以為是溫和有理，同樣的，也有人把粗魯無禮當作坦率真誠。」

說話的時候，要看緊自己的舌頭

粗心大意的話可能招致想像不到的危險，殊不見，在這個光怪陸離的社會，發展成犯罪行為的，也可能是異想天開的幾句話。

美國作家霍姆斯曾經說：「談話有如彈豎琴，如何讓它停止發出聲響，和如何讓它奏出樂音，兩者同樣重要。」

這番話無疑告訴我們，不管在什麼場合，與別人交談之時，小心謹慎永遠比賣弄口舌來得重要。

有的人往往因為多話，一時口快而引起不必要的困擾，事後懊悔不已。

少說話會降低出錯的頻率，不過相對的也會失去自己受到別人肯定的機會，這無疑是兩難的抉擇。

折衷的方法是，只在必要的時刻說出必要的事情，並且以正確適當的方式表達自己的想法，才是明智之舉。

常常在背後談論是非或說別人壞話，是要不得的行為。

所謂「隔牆有耳」，在背後議論別人，最終難免會傳至當事人的耳內，導致彼此心中滋生怨懟、憎惡。

尤其是在辦公室，同事之間關係極為敏感，你所說的每一句話，有心人肯定聽得一清二楚，並且會加油添醋轉告當事者，矛盾自然就產生了。

一個非常注意身體健康，日常生活規律，且每天慢跑鍛鍊體魄的人，倘使由於粗心大意闖了紅燈，以至於被車撞傷，最終成了植物人，那麼，他以往的努力就會瞬間化作泡影。

說話又何嘗不是這樣？

因此，說話的時候要看緊自己的舌頭，注意隨時謹言慎語，避免因一時的出錯而惹來終身的遺憾。

粗心大意的話可能招致想像不到的危險，這可不是危言聳聽。殊不見，在這個光怪陸離的社會，造成離婚的導火線，也許只是幾句不中聽的隻字片語；發展

成犯罪行為的，也可能是異想天開的幾句話。

這類意想不到的事情其實並不少見。由此可知，隻言片語釀成大錯的危害

性，是不能輕率地加以忽視的。

罵人不必用髒話

愛比克泰德說：「大自然賦予人一條舌頭和兩個耳朵，為的是讓人

聽到的話兩倍於說出的話。」

誘使對方朝著你的方向走

雖然運用兩者中選擇一種的方法，常會產生許多障礙，但是，可以迫使處於疑惑不決的對方，朝著你所希望的方向去選擇。

美國演說家赫拉在提到如何運用「潛在心理術」時，經常引述歷史上偉大人物的政治演說，以下是他最常提到的例子。

古代羅馬的政治家布魯斯特在殺害凱撒之後，有一場說服長老院長老演說，其中一段話是這樣說的：「你們是希望讓凱撒死，而你們大家過自由的日子，還是希望讓凱撒活著，你們都淪為奴隸終至死亡？這兩者，你們要選擇的是什麼？」

事實上，這段演說主要是為了讓長老院的長老，放棄其他選擇的辦法，迫使他們在「自由」或「死亡」之中進行選擇。

另外，還有一句名言：「不自由，毋寧死。」

這是美國人為了擺脫英國的統治，巴特利克郭利所說的一句話，又可稱為是獨立戰爭的宣戰宣言。

選擇一個好的獨立宣言，對當時的美國人來說非常重要，因為萬一失敗，是會被當作反叛者而處以極刑的。

為了避免人們的迷惑，要人民自己做決定，於是巴特利克郭利採取了二選一的方法，他的名字留傳後世，那就是說出了：「要鎖鏈還是要隸屬？要英國還是要戰爭？」以及「不自由，毋寧死」等等名語。

以這種強調一方的缺點，而在兩者中選一的方法，在自然的情況下，聽眾一定會選擇你希望中的那一個。

即使該項選擇的利益非常微小，但因為別無其他選擇，聽眾也只有勉為其難地選擇這一個。

雖然運用兩者中選一的方法，常會產生許多障礙，但是，可以迫使處於疑惑不決的對方，朝著你所希望的方向去選擇。

例如，當你要說服正在選擇學校的人時，可以這樣說：「與其勉強進入一流

的學校，在競爭中產生挫折感，還不如進入二流的學校，自己努力讀書，反而更能產生自信心。」

像這種說服方式，一定可以解除正處於彷徨猶豫的考生和父母的疑慮。

罵人不必用髒話

英國作家哈茲里特說：「交談的藝術，不只是讓人聆聽的藝術，也是聆聽別人說話的藝術。」

反唇相譏只會傷害彼此的關係

無論你的下屬對你造成怎樣的傷害，千萬不要和他吵架，一定要保持冷靜。一個成功的領導者首先要做的就是訓練自己的包容力。

蘇聯有句諺語說：「該用舌頭的地方，用拳頭並不能解決問題。」

其實，所有做出蠢事的人，都是在拳頭跑得比舌頭快的時候產生的，因此，做任何決定之前必須牢牢切記，許多事是用語言的力量可以巧妙解決的，又何必非得動用拳頭呢？

成功的領導者首先應是一個寬宏大量的人。

身為領導者，首先要有寬闊的胸襟，這既是一個人成就事業的必備條件，也是一個領導者能否得到下屬好評和認可的必備條件。

我們很難想像，一個器量狹隘、睚眥之仇必報的領導者會受到下屬們歡迎，即使他有很高強的能力。

譬如，有的領導者一遇到下屬犯了點小錯誤，便從此看他不順眼，下屬當面提了幾個意見，或是在背後講了幾句不是，就懷恨在心，處心積慮要找機會加以反擊報復，久而久之，就沒有下屬會服從、支持他的領導。

因此，領導者一定要有博大的胸懷，要嚴於律己，寬於待人，能虛心聽取各種不同的意見和建議。

如果領導者老是在小事上斤斤計較，毫無容人的雅量，對一些陳年舊帳念念不忘，在心理上把自己和下屬的隔閡鬧得越來越大，就不可能把下屬們團結起來，也極不利於開展工作和下達命令。

一個成功的領導者，一定是一個有涵養、心胸寬大的人，他能以寬容代替報復，以禮貌代替冷嘲熱諷，不會將心思繫於瑣事上，不會將氣惱掛在心頭；除此之外，對於不同脾氣、不同嗜好、不同優缺點的人，都能誠懇和他們溝通，使他們團結在自己領導之下。

即使是某一位下屬高傲自大，目中無人，不服從領導，領導者仍要盡量展現

自己的善意，不能動不動就用手中的權力去加以懲罰教訓，只有品德、器量才能服人，權力有時並不能達到自己的目的。

領導者的大忌是在公眾場合與下屬吵吵鬧鬧，這不僅永遠無法彌補被你傷害的人，而且，其他人看了也會寒心，甚至於以前在團結下屬上所費的一切心思、努力都將付之東流。

譬如，下屬當眾頂撞你，或侮辱你，你該怎麼辦呢？

是利用自己所掌握的權力，給他一個下馬威？還是找個恰當的時間，約他聊聊，化解一下矛盾和誤會呢？

很顯然的，後者的效果比前者要好得多，往往你的下屬就因這種寬容和以德報怨的氣度而大受感動，從此支持你的工作。

有一些領導者喜歡在公眾場合和下屬們鬥嘴、吵架，甚至以權力相威脅，這種行為是極不恰當的。

必須記住：在任何時候，無論你的下屬對你造成怎樣的傷害，千萬不要和他吵架，一定要保持冷靜。

因為，吵架只會兩敗俱傷，傷了和氣。

一個成功的領導者首先要做的就是訓練自己的包容力，包容各種類型的人，無論你的下屬與你有什麼過節，有什麼矛盾，或是經常對你的工作或能力評頭論足，你還是應該用寬容的心胸去包容他們，而不是用你手中的權力去對付他們。還擊只會使事情和關係變得更加糟糕。

罵人不必用髒話

薩迪說：「誰要是為了展示自己的知識庫而打斷別人的談話，他就會使自己變得令人討厭。」

如何讓自己「出口成章」

要使自己在交際活動中「出口成章」，一定要有良好的「語感」基礎。如果你覺得自己的語言能力還有所欠缺，那麼，就請你從繼續努力吧。

有的人說話出口成章，有的人說話卻像狗嘴吐不出象牙一樣，這究竟是什麼原因造成的呢？原因有兩種，一是心理素質不同，二是語言能力有差別，通常的狀況是兩者都有。

撇開心理上的障礙不談，語言功能不行的人，常常有話想說卻又一時之間找不到恰當的詞語，或是說話的時候斷斷續續，難以連貫，結果是心裡想的一個樣，嘴裡說的又是一個樣。

一個人的口才好壞，取決於他的「語感」。

培養「語感」是訓練語言能力的重要一環：「語感」敏銳與否，可以說是一個人的口才、學識和智慧的標誌。

所謂「語感」，是指一個人對語言的感受能力和反應能力。

書面文章可以有著思考的餘地，但是口語表達就必須是直接溝通、即興構思，無法塗塗改改。敏銳的語感、機智的口才絕非才子名人的專利，任何人都可以藉由後天的努力培養而成。

培養「語感」著重在以下三個方面：

一、積累語言素材

積累「語感」素材，主要是指積累辭彙。

辭彙的數量遠比一般文字活潑龐大。我們要培養敏銳的「語感」，首先要積累辭彙，否則，「語感」只是空中樓閣。

積累辭彙的方法是處處留心。

平時讀書看報章雜誌、與人交談、聽課、收聽廣播、觀看影視……等等，隨時都能獲得新的、有用的詞語，尤其是閱讀優秀的文學作品，更能獲得豐富的詞語。

關鍵是要費心認清每個詞句的音、形、義，隨時儲存在記憶中，選抄在筆記中，使用在表達中，久而久之，就會有許多精詞妙語供你隨時隨地選用了。積累豐富的辭彙後，說話時還要做到聲情並茂、字正腔圓等等。

與人交談時，如果你有很多的詞句可以渲染氣氛或交相運用，自然就會給人博學多識的印象。

當然，辭彙不可濫用，用得過火，也會造成賣弄的印象。

二、辨析詞語特點

詞語的運用方面，有許多微妙而複雜之處，「語感」的敏銳意味著用詞選句之時又快又準，因此，必須對每個詞句的意思、程度以及相互搭配的特點加以分辨。例如，「講話」、「講課」、「講解」、「講座」、「講演」……等詞，主要的意思都是講，但內容、對象、場合和範圍有所不同，是不能互相代替的。鍛鍊「語感」必須從這些細微之處入手。

此外，同義詞、近義詞的不同意味也要注意，如果忽視了其中的細微差別，把貶義詞當作褒義詞或中性詞，或把僅適用於書面的詞語用在口頭上，那就會鬧笑話。

口頭話語和書面文字的區別也是一個值得注意的問題。有些詞句只適於口頭或書面，用反了也會鬧出笑話。譬如「一日曝之，十日寒之」這樣的句子，用在文章之中未嘗不可，但口頭上這麼說，別人就會笑你咬文嚼字，是個食古不化的書呆子。

三、養成遣詞造句的習慣

培養遣詞造句習慣的主要方法是多聽多讀，經常接受良好的語言刺激和薰陶。所謂「良好」是指語言的質量較高，既生動又簡潔。

有些尚未學過語法的孩子爲什麼說話通順，頭頭是道呢？

因爲，他從大人的言談話語中得到了良好的薰陶。

學校裡的語文課爲什麼要學許多典範文章呢？

因爲，這些典範文正是遣詞造句、組織語言的示範。

語言能力較強的青少年，爲什麼大都得益於大量的課外讀物呢？因爲，大量閱讀有利於培養敏銳的語感。

我們說的話和書報上印的文章、句子，數目是無限的，可是句子的構成格式是有限的。如果我們多聽多讀，經常接受質量較高的語言刺激，那麼無形之中，

我們就會養成一種正確的遣詞造句的習慣。

總之，要使自己在交際活動中「出口成章」，發揮舌頭的力量一定要有良好的語感基礎。如果你覺得自己的語言能力還有某些欠缺，那麼，就請你從以上的三個方面努力吧。

塞坦蒂說：「談話就好像是在做一份沙拉，除了蔬菜之外，還得配上各式各樣的佐料。」

注意談話的十點忌諱

不要當別人對某話題興致勃勃之時，你卻表現得不耐煩，並將話題轉移到自己感興趣的方面去。

談話的藝術或是得體的交往，常常考驗著我們的應對進退能力，其中的要訣是視實際狀況，時而抓住某些議題，時而避開某些議題。總之，就是要使談話的過程保持愉快，如此才對自己最有益處。

英國思想家法蘭西斯・培根曾經勸告世人說：「如果你將愉快的心情分享朋友，你將會加倍快樂。」

要使自己和別人同時擁有愉快的心情，我們除了要注意自己的儀表、禮節、舉止以外，還應該注意自己的談吐。

必須記住，任何令對方不愉快的談話形式，都是不禮貌的表現。

因此，為了使自己在交際活動中能夠左右逢源，應該提醒自己注意以下與人交談的十點忌諱。

1. 不要打斷他人的談話，或是搶接別人的話題。

2. 不要使用只有自己才知道的簡略說法，使對方一時難以領會你的意思。

3. 不要分散注意力，使別人再次重複已經談過的話題。

4. 不要連續發問好幾個問題，讓對談的人覺得你的態度過分尖銳或要求太高，很難應付。

5. 不要對別人的提問漫不經心，使對方感到你不願傾聽他的敘述或助他一臂之力。

6. 不要隨便解釋某種你不很清楚的現象，也不要對別人談話內容輕率妄下斷語，藉以表現自己內行。

7. 不要虛虛實實，或顧左右而言他，令人迷惑不解。

8. 不要一再強調某些與主題風馬牛不相及的細枝末節，使人感到厭倦、窘迫。

9. 不要當別人對某話題興致勃勃之時，你卻表現得不耐煩，並將話題轉移到

自己感興趣的方面去。

10.不要將正確的觀點、中肯的勸告佯稱為是錯誤和不適當的，使對方懷疑你話中有戲弄之意。

罵人不必用髒話

愛迪生說：「說話時，溫和友善的妙語更使人歡愉，那是一種比美貌更為悅人的風儀。」

11

站在對方的
立場來說服對方

如果從一開始就強調自己的立場，
彼此間的鴻溝就會越來越深，
當對方有了對抗的心理狀態時，
你是絕對無法說服他的。

衷心的恭維才能贏得人心

言不由衷只會讓人覺得你是在惡意嘲諷。成功的恭維話應該讓人覺得你是真心誠意地在稱讚他，對方自然樂意收下你的恭維。

說恭維的話語必須注意場合、交談對象及恭維的內容。身為一個領導者，最忌諱的是說話時口若懸河、漫無邊際，自以為口才很好、能說善道，卻讓聽話的人一頭霧水、毫無頭緒。

領導者要說恭維的話語，必須注意的第一要則是要有真誠的內涵，所謂的「肺腑之言」就是這個意思，要讓對方覺得這話說得有道理，這樣的恭維才算成功，也才能達到情感交流的目的。

成功學大師戴爾·卡耐基對於恭維的力量有相當深刻的體會，那是年輕時他離開戲團去當二流推銷員的經驗。

卡耐基當時的情況很糟糕，不工作隨時都可能餓死，在這種情況下不得不到克爾德貨車專櫃當個二流的推銷員。

當時，卡耐基對自己所作的工作毫無興趣，更說不上專業熟練，因而每次顧客光臨時，卡耐基就立即向對方推銷，但對貨車卻避而不談。因此，他被認為是個瘋子，大家都嘲笑說老闆腦袋有問題才僱用了他。

老闆對此深為不滿，對卡耐基吼道：「戴爾，你以為你是在演說嗎？你明天如果還這樣，你就不用再來上班了。」

卡耐基對此也非常擔心，因為若失去這份工作，他就會成為路邊的乞丐了，所以他對老闆說：「老闆，為了能有口飯吃，我會盡力而為的，況且，你看明天將是個好天氣，你的生意一定會很好的。」

卡耐基這番話讓老闆聽得很舒服，也就未再對他發脾氣，並放棄了開除他的念頭，卡耐基也因而認識到恭維的價值和好處。

不過，恭維對方要不落俗套，最好的方法是就地取材，恰當地說出心中感謝與讚美的話，而且要有特色。

例如，當你到朋友家去作客時，主人若是對種花很有興趣，你可以稱讚他的花開得很美；假如主人養了貓、狗等寵物，你可以讚美牠們乖巧、聽話。像這種恭維就很切題，比那些落入俗套的恭維有用多了。

恭維人切忌言不由衷，更不可以恭維人的短處，這只會讓被恭維者覺得你是在惡意嘲諷、挖苦他，反而會讓彼此的關係變得更差。

總之，成功的恭維話應該讓被恭維者覺得你是真心誠意地在稱讚他，如此對方自然會樂意地收下你的恭維，對促進人際關係也才有幫助。

罵人不必用髒話

俄國作家萊蒙托夫說說：「供給人們的甜食已經過多了，因此我們需要苦口的藥和逆耳的忠言。」

站在對方的立場來說服對方

> 如果從一開始就強調自己的立場，彼此間的鴻溝就會越來越深，當對方有了對抗的心理狀態時，你是絕對無法說服他的。

莎士比亞在《亨利四世》中曾經寫道：「即使理由多得像烏莓子一樣，我也不願在別人強迫下給他一個理由。」

強迫，絕對不是最好、最有效的溝通方式，而且極可能衍生負面的結果，最後與自己的期待背道而馳。

因為，就像你可以把馬牽到河邊，但是無法強迫牠喝水一樣，人其實很難透過強迫性的舉動，說服別人贊成自己的觀點，或是要求別人按照自己的主觀意志，去做他們百般抗拒的事情。

處在錯綜複雜的人際關係中，並不是每個人都有左右逢源的能力。要讓別人喜歡並且相信你，以便順利推動事務，除了先肯定自我之外，還應當探究人的潛在心理，然後發揮舌頭的功力，爭取對方認同。

須知，運用心理學的技巧，會使你深得人際交往的奧妙，而不會被一些表面現象所迷惑，並且能在自己和他人之間，架起一座心靈的橋樑。

美國第十六任總統林肯，曾經以一句「為人民而創造的政治」之名言，掌握了民眾的心，而為民眾所擁戴。

林肯總統在面對需要說明的場面時都會說：「我在開始議論時，就會將彼此意見的共同點尋找出來。」

林肯在有名的奴隸解放演說中，最初三十分鐘，只敘述一些持反對態度者所贊同的意見，然後再將反對者，按自己的目標逐漸地拉到自己這邊來。

林肯的說服方法，如果從潛在心理學來看，有兩個要點。

第一就是人往往在被別人壓抑住其自身的意見時，自己才發現真實的一面，而反過來完全地信賴對方。

第二就是「自我發現」時，在主觀上仍非常相信就是自己的意思，而事實

上，這往往是被說明者誘導出來的結果。

林肯運用這個技巧的祕訣，就是在演講的前三十分鐘，先巧妙地軟化敵方。

也就是在開始時先強調敵我之間的共同點，引導對方，使他們一步步接受自己的觀點。

如果從一開始就強調自己的立場，彼此間的鴻溝就會越來越深，而演變成「如果你有那種想法，那我只好和你拼了」的局面。當對方有了這種對抗的心理狀態時，你是絕對無法說服他的。

因此，如果在交涉的場合有五項待解決的事情，而你在剛開始時，就能把五項中最困難的問題提出來，也不失為是一種好的做法，因為最困難的問題都能解決，其他的當然不會有什麼問題。

但是，對方必定也很在意大問題，所以也有可能從一開始交涉，就因決裂而使事態惡化。

所以，在這種情況下，一個能幹的交涉者，往往在開始時以比較簡單的問題作為議題。

而且在討論這個議題時，他會這麼說：「事實上也沒有任何別的問題，至少

對於這個條件，我們的意見是一致的，下一個事項同這個事項也沒有多大的差別……」

如果五個問題中能用這種方法使對方贊成三個的話，那麼這個會議就差不多可以結束了，即使到了後面要討論最大、最困難的問題，只要採取這種方式，十有八九是都會成功的。

罵人不必用髒話

J．凱利說：「那些喜歡到處和人打架的狗，通常會跛著腳回家。」

讚美不是阿諛諂媚

有些人不肯讚美別人，第一是誤認為讚美就是諂媚，有損自己的人格；
第二是自視清高，覺得一般人都比不上自己。

大部分的人一方面希望別人能夠客觀地瞭解自己，一方面打從心底裡渴望別人對自己多加肯定。

因此，當我們正確無誤地誇獎別人引以為傲的優點時，對方可能會覺得十分窩心。

在某些時間、某種場合，發揮舌頭的妙用，發自內心地對他人說出禮貌性的讚美，只要不是那種誇大其詞的胡亂吹捧，對彼此之間的心靈溝通和增進友誼，是大有好處的。

有些生性內向的人可能會認為，讚美別人的話實在令人羞於啓齒，因而產生排斥抗拒的心理。

其實不然，讚美不是一味瞎吹亂捧，並不是委屈自己去阿諛諂媚，而是發覺對方的優點長處時加以肯定。

每個人都有自己的長處和短處。

我們不應該一味地盯著別人的短處看，而忽略別人獨特的長處，而應該以「金無足赤，人無完人」的觀點，原諒他人的短處，看重他人的長處。

我們當眾讚美某人，並不是要欺騙大家，只是要大家注意他的長處，也讓他因為受到大眾的注意而格外珍惜自己的長才，繼續朝這方面努力。

可見，讚美絕不是有求於人的低下行為。

讚美有好幾種方法，第一種方法是「貶低自己」。

適時地貶低自己，即能相對地捧高對方。這種方法，即使是不擅言辭或不擅讚美的人，也能輕而易舉地使用。

技巧性地批評自己略遜對方一籌，可以讓別人在心理上產生平衡感，充滿自信心，對方聽了之後，心中的舒坦自然不言可喻。有時候，你不妨試試這種「貶

低自己」的方法，達到激勵別人的目的。

讚美的第二種方法是「當面誇獎」。

讚美和討好原本就很難界定，中間存有模糊地帶，一般而言，讚美是正面的誇獎，討好則是具有目的性的阿諛奉承，屬於一種較卑劣的手段。

「你的身體看起來真棒，請告訴我你是如何鍛鍊的，行嗎？」

「你的銷售任務總是完成得那麼好，有訣竅嗎？」

我們都清楚，表揚也是讚美的一種方式，通常是上級對下級的一種激勵手段，而誇獎是不分階級的。

當然，誇獎是有技巧的，要切記不要隨便見人就誇獎，更不要輕易討好與你有芥蒂的人，否則，他會認為你別有用心，反而使內心的成見加深。

總之，誇獎別人的時候必須言語坦誠，否則，只會讓人感覺到你是無事不登三寶殿，從而心生警戒。

朋友之間聯繫感情，原不是一件容易的事，用讚美的方式來聯絡感情，是最簡單、最有效的方法。

有些人打從心裡就不肯讚美別人，第一是誤認為讚美就是諂媚，有損自己的

人格；第二是自視清高，覺得一般人都比不上自己；第三是害怕別人勝過自己，使自己相形見絀。

其實，為人處世大可不必抱有這種負面心理，為了與談話對象相處得更融洽，你不妨研究一些如何讚美別人的方法，只要你的讚美是出自真誠的，必然可以領略到其中的好處。

╭───────────╮
│ 罵人不必用髒話 │
╰───────────╯

英國思想家培根說：「用適當的話和別人進行交涉，遠比言詞優美、條理井然更為重要。」

如何讓恭維恰到好處

> 人不管男女，不論地位高低，對於加諸自己身上的稱譽都是歡迎的。因為，稱譽能帶來成就感和自信心。

德國詩人兼思想家歌德認為，每個人都有潛在的虛榮心理，只是表現虛榮心的方式與程度略有不同而已。

他曾在日記裡寫道：「我們對自己的形象和人品所懷的急切之心，時時刻刻表露出來。我們愛出鋒頭，常常炫耀自己的才能或是其他引以為傲的事物，希望別人能夠特別注意自己。」

幾乎每一個人都有偏愛某種虛榮的心理，當你搔到癢處，大加頌揚時，當然會使他們產生極大的興致。

開啓人們心靈的鑰匙，就是設法找出別人偏愛的虛榮所在。

恰當的讚美和恭維，是人際交流中一種很有效的方法，可以用來抬高別人的自尊心，贏得別人的好感和協助，拉近彼此的心理距離。

美國總統羅斯福就是善於使用這種方法的典型人物，他對任何人都能恰當地加以讚譽，因此在從政過程中化解了不少阻力，獲得了許多助益。

林肯也是一個善於使用讚譽方法的人。

找出別人引以爲傲的事情和引起對方興趣的話題，一直是林肯的日常工作。

林肯總統就曾經說過這麼一句名言：「一滴甜蜜糖所能捕獲到的蟲子，要比一斤苦膽汁多得多。」

其實，人不管男女，不論地位高低，對於加諸自己身上的稱譽都是歡迎的。

因爲，稱譽能帶來成就感和自信心。

當然，有時胡吹亂捧的恭維也會引起反感，這是因爲沒有掌握恭維技巧的緣故。要使自己對別人的恭維達到效果，必須牢記對方的性格特點。

有的人虛榮心極強，無論在什麼場合，都巴不得別人對他百般恭維，而且一聽到恭維的話語便得意忘形。

但是，有的人只喜歡在個別事情上聽到恭維。

有的人喜歡聽到別人恭維他的特殊才藝，有的人喜歡聽到別人讚譽他熱心公益，有的人喜歡聽別人稱讚他的演說技巧，而有某一部分的人，則特別喜歡聽到別人誇獎他的商業才華。

為什麼會這樣大異其趣呢？

因為，這是他們所偏愛的虛榮不同。

英國著名的外交官吉斯斐爾勳爵曾說：「各人有各人優越的方面，至少也有他們自以為優越的方面。在自認優越的方面，他們能夠承受得住別人公正的批評，但在那些還沒有自信的方面，他們尤其喜歡別人的恭維。」

這段話告訴我們，開啓人們心靈的鑰匙，就是設法找出別人偏愛的虛榮所在。

想要快速發現一個人的弱點，其實只要觀察他最喜歡的話題。因為，語言是「心靈之音」，一個人講得最多的事物，一定是他心中最渴望的。如果你能明白這一點，適時地在這些方面恭維他，那麼你便搔著了他的癢處。

吉斯斐爾勳爵還舉女性為例告訴我們：「儀容嫵媚是任何女人偏愛的虛榮，並且是常想受人讚美的重點。但是，那種具有無可懷疑和不容比擬的絕色女子，

對於自己的儀容的嫵媚已有絕對的自信，那麼你就要避免稱頌這一點，必須去稱頌她們的智力。如果她的智力恰巧不如別人，那麼，你的稱讚一定會使她現出滿面春風。」

〈罵人不必用髒話〉

英國作家約翰遜說：「沉默會繁衍滋長，談話中斷得越久，就越難找到適當的話來說下去。」

你的話為何「有點冷」？

容易引起冷場的原因是，個人吸引力不強，或存有溝通上的心理障礙，或心情影響情感交流，或情境使人產生壓抑感，或沈默氣氛感染旁人……等等。

在交談過程中，由於話不投機或不善表達，常常出現冷場的情況。

冷場無論對於交談、聚會、聊天、談判，都是令人窘迫的局面，在人際關係中，無疑是一種「冰塊」。

打破冷場的技巧，就是轉移注意力，轉換話題。

冷場一般出現在雙方對談話缺乏內涵，或對議題不感興趣。

在交際活動中，如果當事人一時沒有交談的慾望，那麼，會話在這個時候就成了多餘，冷場便不可避免。

另外，還有一些容易引起冷場的原因，例如，個人吸引力不強，或存有溝通上的心理障礙，或心情影響情感交流，或情境使人產生壓抑感，或沈默氣氛感染旁人……等等。

有人分析，認為以下十種情況時，最容易「話不投機」而出現冷場：

- 彼此不大相識；
- 年齡、職業、身份、地位差異大
- 心境差異大；
- 興趣、愛好差異大；
- 性格、素質有異；
- 平時意見不合、感情不合；
- 互相之間有利害衝突；
- 異性相處，尤其在單獨相處時；
- 因長期不交往而比較疏遠；
- 交談雙方均為性格內向者。

冷場是交談即將失敗的徵兆，所以，談話雙方對可能出現的冷場，要有一定

可以避免出現冷場。

起，使說話少一點拘束。同時，還要將健談者與寡言者適當地互相搭配，這樣就

有時，甚至可以先排定座次，儘量不要讓最可能出現冷場的幾種人坐在一

也要考慮與會者的可能發言率，以免坐而不談。

譬如，舉行座談會時，可精心挑選出席的人士，既要考慮與會者的代表性，

的預見，並採取措施加以補救。

罵人不必用髒話

比爾斯說：「談話是一種展銷思想小商品的交易，每個人都過度關

心自己陳列的貨物，而不去留意別人的。」

如何讓別人打開話匣子？

關心、體諒、坦率、熱情，是打破冷場最有力的「武器」，以這樣的態度去努力，「堅冰」也可以融化，僵局當然不難打破。

在互動頻繁且情勢變化快速的現代社會，人際關係就像一把雙面刃，必須學會說話做事的各項技巧，確實運用於每個需要溝通的場合。懂得語言藝術的人，知道巧妙引導別人接受自己的想法，順利達成目的。相反的，不懂得語言藝術，就只能眼睜睜看著自己陷入人際困境，寸步難行。

激勵大師戴爾‧卡耐基曾經這麼說：「打動人心最高明的方法，就是跟他談論他覺得最珍貴的事物。」

的確如此，當交談的對象拙於言詞，或是表現得冷漠之時，只要你能改變方

向，選擇對方最感興趣的議題，便能開啓他的心扉，彼此的交談就會變得熱絡，交情也就會從此開始。

避免交談時出現冷場，是談話雙方共同追求的目標，但是，萬一出現冷場，還是要有些準備。

作爲主人、會議主持者，或是會話的一方，你可以用下面的做法打破冷場：

- 立刻向對方介紹一個人、一件事或一樣東西，以轉移他們的注意力，激發他們重新開口的興致。

- 提出一個大家可能感興趣的話題，或是有可能參與發表意見、看法的話題。

- 開個玩笑，活絡一下現場氣氛，再巧妙地轉入正題。

- 用聊天的方式，和一兩個人談談家常，聊聊彼此的情況，設法引出眾人關注的話題。

- 故意挑起一場有益的爭論。

- 就地取材，對環境、陳設等發表看法，引起議論。

談話的話題是否有趣、有益，和冷場的出現有很大的關係。「曲高和寡」會導致冷場，「平淡無味」同樣會引起冷場。

主人或主持者如果不希望出現冷場，應該事先做些準備，使自己有點「庫存話題」，以備不時之需。

年齡大的人喜歡回憶往事，可以和他們聊聊歷史的沿革、民情的變遷、風俗的演化……等，由於他們對於掌故了解較為豐富，濃厚的談興往往會油然而生。

如果沒有別的話題，那麼不妨向他們詢問一下子孫兒女的近況，一般都能撬開老年人的話匣子。

年輕人性格較為活潑，愛好廣泛，音樂、影視、美容、體育、旅遊、時事……等都可激起他們的談興。

一般而言，和女性談話，可選擇一些家庭趣事，但和男性賓客講相同的內容，必然被視為婆婆媽媽；企業家對於自己的產品興致勃勃，卓有成就的人喜歡暢談自己的奮鬥歷程，事業失敗的人不喜歡提及不走運的往事……。

總之，打破冷場的話題，「聚焦點」要準確，「參與值」要高，即話題應是對方關心的焦點，才能引起談興。

必須注意的是，如果話題可能使在場的人窘迫或不安，哪怕可立即活絡氣氛，也不宜作為打破冷場的話題。

譬如，某人最近遭逢喪子之痛，就不要當著他的面大談兒女之事，以免勾起他的傷感。

關心、體諒、坦率、熱情，是打破冷場最有力的「武器」，只要以這樣的態度積極去努力，「堅冰」也可以融化，僵局當然不難打破。

會話遇到冷場，不妨以熱誠的態度，運用上面介紹的技巧，作一次成功的「破冰」嘗試。

罵人不必用髒話

拉羅什富科說：「如果我們不能節制自己的舌頭，又怎麼能期望別人守住他們的舌頭，為我們保守秘密？」

不聽忠告，等於緊勒自己的脖子

用強辯、抗拒的態度對待忠告，只會讓我們失去一些正直的朋友，等於親手緊勒自己的脖子一樣，扼殺了自己的生路。

社會上的人都不是完美的，各有長處，也有各種缺點。

但是，有的人往往因為未發覺自己的某種缺點，甚至以為自己的缺點是優點，那麼，就需要聽聽別人的忠告。

藉朋友的忠告來發覺自己不健全或不成熟的地方，並且加以改善，是彌補自己缺點的重要轉機。

因為，自己看不清楚的缺點，別人往往能很清楚地看到，如果不知虛心改進，你的缺點肯定會成為拓展人際關係的一大障礙，無法建立良好的人脈。

有位哲人說：「人類是以語言鍛鍊並培養的動物。」

接受忠告固然痛苦，但有益於自己的心性成長，以及人際關係的拓展。因此，唯有朋友間互相忠告，彼此才能擁有更完美的人生。

不管在什麼情況下，我們都必須虛心接受別人的忠告，至於在接受的態度方面，應該注意以下幾點：

一、不要在乎是誰提出忠告，而要在乎忠告的內容

有的人相當在乎忠告者的資格或人品，常常厭煩地說：「你有什麼資格說這種話？」以致於失去自我反省的機會。

與其拘泥忠告的人是不是有資格勸戒自己，倒不如思考他所說的話值不值得參酌。抱持著「聞過則喜」的心胸，坦然面對自己的缺失，將非常有益於自己成長。

二、坦誠地道歉

對於別人的忠告，有的人一味地抱著拒絕、辯駁的態度，這樣不但顯露自己

心胸狹隘，也會使得誠心勸告自己的朋友逐漸疏遠。發現自己有這種傾向，必須鼓起勇氣為自己的錯誤道歉，假使對方已經心生不悅，最好先設法平息他的怒氣，以後再找機會作解釋。

三、不逃避責任

如果自己犯了錯，卻將責任轉嫁給別人，並且推卸說：「這又不是我的責任！」或「都是××不對，事情才會變成這樣！」將會被認為沒有責任感，這樣的辯白只會被當作諉過之詞。

其實，有些話乍聽之下好像蠻有理由，藉此來掩飾自己的失敗似乎言之成理，但是找理由為自己辯解，其實是缺乏擔當的做法。失敗就是失敗，要勇於承認錯誤，要勇於接受忠告，逃避只會讓自己心中留下疙瘩，欠缺成長所必須經過的磨練。

四、不情緒化，不說硬話

強辯、不肯適時退讓的態度，無法建立好的人際關係，動輒情緒化或撂下硬

話，同樣不受人歡迎。

釋加牟尼曾說道：「不聽人言的人無法得救。」

自己做錯事卻死不認錯或不加反省，只會證明自己的愚昧無知。有的人對於別人的勸告感到不屑，刻意保持沈默。

有的人只是在口頭上接受，其實暗中一直抗拒著。

也有人惱羞成怒地反問對方：「你年輕時代也發生過這種事吧？」或「難道你就沒出過錯？」

這些態度都是要不得的。用強辯、抗拒的態度對待忠告，只會讓我們失去一些正直的朋友，等於親手緊勒自己的脖子一樣，扼殺了自己的生路。

罵人不必用髒話

英國作家包斯威爾說：「永遠不要當著別人的面議論他，那樣是粗魯的行為，甚至可能得罪別人。」

從別人感興趣的話題開始談起

人生活在這個世界上，生理、心理上都有各式各樣的需要，應當盡可能從某一方面去滿足對方的需要，同時也盡可能滿足自己的需要。

日本作家桐田尚作曾經寫道：「要建立良好的人際關係，要先多了解每一個人所秉持的主觀信條和所屬環境，如此才能切入他的思想領域，和他進行更密切的溝通和良好的互動。」

平常，我們在與人交談的時候，最好選擇那些容易引起別人興趣的話題，而那些不吸引人的話題最好少談，這樣才能使交談深入下去。

每個人都有自己的情況，諸如地位、素養、身份、職務、興趣、氣質、性格、習慣、經歷……等，都各不相同，因而決定了每個人選擇話題的不同標準和

需要。

比如，老年人喜歡議論過去，年輕人偏重於憧憬未來，男人熱衷競爭、比賽、時事等話題，婦女則對時間、感情、家庭之類的話題感興趣，這些都說明了話題的選擇要根據談話對象而定。

一個話題，只有讓對方感興趣，會話才有繼續進行的可能。如果只是從自己的興趣出發，難免使別人感到索然無味。人生活在這個世界上，生理、心理上都有各式各樣的需要，應當盡可能從某一方面去滿足對方的需要，並以此為前提，同時也盡可能滿足自己的需要。

美國女記者芭芭拉·華特初遇世界船王兼航空業巨頭歐納西斯時，他正與同行們熱烈討論著貨運價格、航線、新的空運構想等問題，芭芭拉始終插不上一句話。

在共進午餐時，芭芭拉靈機一動，趁大家談論業務中的短暫間隙，趕緊提問：

「歐納西斯先生，你不僅在海運和空運方面，甚至在其他工業方面都獲得了偉大成就，這真是令人震驚。你是怎樣開始的？起初的職業是什麼？」

這個話題叩動了奧納西斯的心弦，使他撇開其他人，同芭芭拉侃侃而談，動情地回溯了自己的奮鬥史。

這就是一個好話題的威力，它激發了對方的榮譽感和成就感。

可見，一個話題如果能在某個方面滿足對方的需要，就能促使對方侃侃而談，也同時滿足了談話者的需要。

罵人不必用髒話

麥金利說：「棍棒和石塊會使皮肉痛苦，懷著怨恨的言詞則可以把人螫傷。」

不要在背後批評別人

如果你老是喜歡用自己的尺度去衡量別人，被你指責的人必然會對你抱持戒心或報復之心，誰知道他會在什麼時候從你背後敲一記悶棍？

日本心理學家夏目通利曾說：「人類自我實現的意識很強，因此要有接納他人的雅量，才能建立良好的人際關係。」

在社交場合裡，某些人說話往往會讓你覺得索然無味，進而使你認為這種人一定個性孤僻陰冷，喜歡背後放冷箭傷。

也有某些人說話讓你覺得饒舌聒噪，使你認為，他們總是喜歡捕風捉影，任意批評別人，從某個角度說，簡直就是到處散佈別人壞話的八卦電台。

事實上，除非擁有豐富的觀察經驗，並且有不錯的洞察力，否則，千萬不要

那麼輕易地論斷一個人，因為人性並不是想像中那麼簡單。

有時候，不經意脫口說出的話傳開後，當事人肯定心存不滿：「你又不瞭解我，憑什麼在我背後亂批評？」

有了這種芥蒂，彼此日後相處自然難以融洽。

假如，你認定對方太沒內涵，不管你是否將這種想方告訴第三者，你的人際關係都會變得狹窄。

當你與朋友聊天的時候，如果談論到某個人，你表現出不屑的模樣加以數落，對方當面可能不表示什麼意見，甚至還會附和地說：「原來他是那樣的人！」

但實際上，這種態度會產生不良的影響。

首先，和你談話的人可能會覺得你心胸不夠寬闊，喜歡憑自己的好惡妄下定論，缺乏體貼他人的胸懷。

第二，萬一被你指責的人知道後，他心裡也會覺得你是個卑鄙陰險的小人，喜歡在背後說人壞話。

其實，每個人都有優點、缺點，與其揭人之短，倒不如設法找出別人的優點，給予適當的肯定。

如果你老是喜歡用自己的尺度去衡量別人，被你指責的人必然會對你抱持戒心或報復之心，誰知道他會在什麼時候從你背後敲一記悶棍？

因此，當你與別人接觸的時候，如果保持著這種心理，將會使朋友一一遠離，因為你以偏見看人的做法令人討厭。

心存偏見的人，通常都充滿主觀意識，然後帶上有色眼鏡看待別人。

這種人心裡容得下自己龐大的影子，無法正確地判斷外界的人事物，視野、胸襟肯定難以開闊。

要讓談話的對象對你保持好感，首先不應該以自己的偏見去評判人和事。

要有雅量傾聽他人說話，並且心平氣和讓別人把話說完，如此一來，你或許會有意想不到的全新見解。

我們應該明白，任何人的談話都可能會讓我們得到一些啓發，瞬間激發出靈感；與朋友溝通的過程中，也常會獲得嶄新的觀點，讓困惑我們已久的問題豁然開朗。

人不是同一個模子印出來的，因此，不能老是以自己的尺度去揣測別人。與人交往時要保持彈性和包容力，如此才能擁有更多的朋友。

反之，如果你一味地以偏見批評別人，別人也會以偏見回敬你，你如何能開拓自己的生活領域呢？

罵人不必用髒話

古羅馬思想家塞內卡說：「如果一方退出，爭吵就會很快停止，沒有雙方參加就不會有戰爭。」

懂得說話，
便是成功了一半

沒有人會認為，一個穿著整潔卻言語粗俗無禮的人，
會是個有風度的人；即使一個人沒有西裝革履，
如果談吐不俗，也必定會讓人刮目相看。

該說謊的時候還是得說

雖然說謊不是好事，但是偶爾一兩句善意的謊言，會帶來令人意想不到的驚喜效果。

越是熟悉的東西，越容易被人們忽視，正因為我們天天都在說話，所以總是覺得說話不是多麼困難的大事。

其實，說話是一門藝術，話說得恰如其分，才能如雪中送炭直暖心底；話說得不得體，則令人心寒情傷，如履寒冰。

簡單的事情當中總是蘊含著大道理，說話的藝術正是人人必修的課題！

事實上，只要不是心存惡念，見什麼人還真要說不同的話。

說謊，連三歲小孩子都知道這是一種壞習慣，可是，在大人的世界裡，總是

誠實的直來直往有時候反而會吃大虧，因此善意的謊言是有必要存在的。善意的謊言最忌諱的就是過於誇張，而且要配合適當的時機和場合，這樣才能讓謊言發揮出最大的效果。

在一次盛大豪華的舞會上，甲對舞會的主人——一位徐娘半老，但仍然風韻猶存的女士說：「看到您，不禁使我想起您年輕的時候。」

女士微笑的問：：「我年輕的時候怎麼樣？」

「很漂亮。」甲回答。

「難道我現在不漂亮嗎？」女士開玩笑的問。

沒想到甲竟然非常認真的回答：「是的，比起年輕時候的您，您現在的皮膚不但鬆弛，缺少光澤，甚至還有不少皺紋。」

這位女士聽完甲的這番回答，臉上不禁一陣白一陣紅，十分尷尬的瞪著甲，剛才的自信完全消失了。就在這個時候，乙適時出現在這位女士的面前，彬彬有禮的伸出手，對她說：「不知道我有沒有這個榮幸，請這個舞會上最漂亮的女士一起跳舞呢？」

女士的眼睛頓時亮了起來，接受了乙的邀請，兩個人在舞池裡跳了首舞曲。

女士像突然變了一個人般，全身散發著迷人的魅力，就像個漂亮的年輕女孩！

舞會過了沒幾天，甲和乙同時收到了一封訃文，那位女士突然死了。不過，乙比甲還多收到了一封遺囑，這位女士在遺囑中註明，將自己所有的財產留給乙。

偶爾一兩句善意的謊言，會帶來令人意想不到的驚喜效果。

由此可見甜言蜜語比毫不留情的實話更能夠吸引別人。

雖然說謊不是好事，而且謊言一旦被拆穿，下場往往比說實話還慘；但是，

罵人不必用髒話

哈尼族諺語：「一個人心靈好壞，從行動中便能表現出來，就像蚊子用嘴吸的是血，蜜蜂用嘴釀的是蜜一樣明白。」

別讓長篇大論突顯自己的愚蠢

> 西方的社交禮節中，有一條這樣的規範：「寧願少說話隱藏自己的愚蠢，也不要多開口來證實你真的愚蠢。」

英國作家斯威夫特說：「在交談當中，有的人用些陳腔濫調折磨著每一個賓客，不讓自己的舌頭休息片刻，卻自以為是學識淵博。」

說話的時候口若懸河，或是辯理無懈可擊的人，並非總是思想正確無誤的，也不一定就會大受歡迎。

很多人講話的時候喜歡長篇大論，自以為如此一來，別人就會認為自己很了不起，卻不知道這樣的行為，只會導致別人的反感。

畢竟，在這個講求效率與速度的現代社會中，沒有人喜歡把時間浪費在冗長

又毫無意義的談話裡。

有一個美國人到日本演講，請了一位日本人做他的即席翻譯。當這個美國人開始演講的時候，他為了測試那位日本翻譯的程度，便一口氣講了十五分鐘的話，然後才停下來請日本人翻譯；但是沒想到，這位日本翻譯卻只講了一句話就停下來了。

美國人雖然覺得很奇怪，但是也不好意思問，而且見到台下的聽眾反應很熱烈，於是又繼續滔滔不絕地講了十五分鐘，接著再停下來讓日本人翻譯。

可是，日本人還是一句就講完了。

最後，美國人又講了十分鐘，然後便結束了他的演講，而這位日本翻譯最後也同樣以一句話輕輕帶過。聽眾聽完了日本翻譯的話，不但全場哄堂大笑，還報以熱烈的掌聲，這一場演講就這樣圓滿地結束了。

那個美國人非常驚訝，想知道這位日本翻譯怎麼這麼厲害，於是便問台下一位會說美語的聽眾，他到底是如何翻譯的。

這位聽眾就對這個美國人說：「剛剛，那個日本翻譯第一句話說的是：『到

目前為止，沒有什麼新鮮的事可聽，不會有什麼可聽。』第三句是說：『我說的沒錯吧！』」

這個笑話告訴我們，千萬不要以為自己所說的都是真知灼見，在別人耳中，也許只是一些了無新意的廢話。

西方的社交禮節中，有一條這樣的規範：「寧願少說話隱藏自己的愚蠢，也不要多開口來證實你真的愚蠢。」

所以，除非你真的有把握自己的話語充滿創意，能夠言之有物，否則的話，還是盡可能長話短說吧！

罵人不必用髒話

英國作家王爾德曾說：「我最喜歡跟磚牆講話，因為，我犯不著挖空心思出言諷刺它，它也不會惱羞成怒地反駁我。」

說話是一門重要的必修課

> 語言是一門藝術，話說得合適，不僅能體現出自身修養的高雅，也能夠很舒服地讓別人接受你的觀點或意見。

語言是人類交流的工具，人與人之間的交往和溝通，都不可能離開語言。

語言，可以說是人們傳播知識、交流思想，並將喜怒哀樂等等複雜的情緒與情感傳遞出來的最佳方法。

在現今資訊爆炸的時代，人與人之間的聯繫比以前更為頻繁，這個頻繁的交往更難脫離語言，語言的重要性不必細說，便可得知。

或許有人會不屑地說，說話有什麼困難的，只要不是啞巴或是剛出生的孩子，誰不會說話啊？

的確，人人都會說話，然而，並不是每個人都能把話說得十分切題，而且還要能說到重點，讓人心有戚戚焉。

越是熟悉的東西越，越容易被人們忽視，也因為每個人天天都在說話，所以才覺得會說話不是多麼困難的大事。

其實，說話是一門藝術，其中大有學問，俗語不是說：「良言一句三冬暖，惡語傷人六月寒」嗎？

這正是說明了言語的力量，話說得恰如其分，才能如雪中送炭直暖心底；話說得不得體，則令人心寒情傷，如履寒冰。簡單的事情當中，總是蘊含著大道理，所以，說話的藝術正是人人必修的課題！

也許有人會認為，與一般人說話自然是要注意，對於朋友則不必那麼囉嗦，可以心裡想什麼就說什麼，不用刻意講究。

如果你也這麼認為，那就錯了。因為，朋友也是人，他們與普通人無異，對於朋友，我們反而更要知道一件事：「真正的朋友是你我最重要的人，然後才是其他的普通朋友。如果，我們對一般人說話時便懂得小心注意，對自己的朋友則更要注意才是啊！」

一個善於駕馭語言的人，會用語言來交換自己所需要的東西，而現代人也越來越懂得其中的重要性。

其實，話說合宜，不僅能表現出自身修養的高雅，也能輕易地讓人們接受你的意見或觀點，使人願意接近你，提昇自己的溝通、辦事效率。畢竟，沒有人會喜歡那種經常口出惡言的人吧！

罵人不必用髒話

莫洛亞說：「每個人都知道別人在評判自己時會出差錯，卻從不在意自己批評別人的時候也會出錯。」

懂得說話，便是成功了一半

沒有人會認為，一個穿著整潔卻言語粗俗無禮的人，會是個有風度的人；即使一個人沒有西裝革履，如果談吐不俗，也必定會讓人刮目相看。

由於生長環境和所受的教育程度不同，每個人說話的方式也不盡相同。

交際時說話應當注意察言觀色，對不同的人應當採取不同的說話方式，並且時時注意變換談話的內容，選擇適合對方的話題，拉近彼此的距離。

有很多人都反對「見什麼人，說什麼話」的做法，認為那是表裡不一的人才會做的事，是兩面三刀、華而不實的表現。

事實上，只要不是心存惡念，見什麼人還真要說不同的話。

試想，如果說話不分對象，對待什麼人都用同一種方式或同一種話，那麼勢

必會使程度差異懸殊的人，無法好好地溝通。

有的人性格開朗、豪爽，直言其過或許他也不會在意，如果你說話的時候閃閃躲躲、猶豫不定，必定會引起他的反感，懷疑你為人不實。

如果，對方性格內向，也較為敏感，你的話如果直戳痛處，恐怕又會刺傷他的自尊心。對於這樣的人，則宜採含蓄曲折的表達方式，凡事點到為止，由他親自去體會言中之意，會比較恰當些。

因此，說話是一門學問，是交友時應當注意的事，切不可盲目地以為，朋友只要心誠，說什麼話無所謂。

其實，「言為心聲」，往往你不經意的一句話都會使朋友產生誤會。

此外，言語既然是一種交流的工具，便有它的長處，也有它的缺點，正如一池水可以養活魚蝦，也可以淹死活人一樣。

再者，因為語言具有模糊性和意義不確定的特徵，有時候很容易引起誤會。一句話可以這麼理解，也可以那麼理解，如果我們說話不注意，很可能會被人們誤解，警覺性不夠的人，還可能直以為自己說得很好，忘了解開當中的誤會，讓友情不斷地出現裂痕。

所以，語言不僅是人際交流的最重要的工具，也是溝通辦事的時候最不能忽略的工作藝術之一。

話說得好，不僅是一個人修養水平高的表現，也是一個人增強自己儀表與風度必不可少的因素。

因為，沒有人會認為一個穿著整潔卻言語粗俗無禮的人有風度；相反的，即使一個人穿著樸實無華，只要談吐不俗，也會讓周遭的人刮目相看，而這便是說話的獨特與奧妙之處！

罵人不必用髒話

戴爾・卡耐基說：「你傷害過誰，或許早已忘記了。可是被你傷害的人永遠不會忘記你，不過，他絕不會記住你有什麼優點。」

掌握說話應有的分寸

說話的藝術不但是要會說，還得要善聽。所以，除了說話要小心應有的分寸外，專心傾聽是溝通時的重點。

俗話說：「言多必失」，這是因為說話之時必須要掌握應有的分寸，話說多了難免出現意想不到的負面作用。

此外，古代的哲人也奉勸我們「逢人只說三分話，不可全拋一條心」，對於不能推心置腹的人，最好只說三分話，另外的七分話放在心裡就好。

大多數人或許都會這麼認為：「自己做事坦坦蕩蕩，哪有什麼是說不出口的呢？更何況，對待朋友更應該知無不言、言無不盡，如果有所保留，那不是顯得自己心機太深沉了嗎？」

你認為這是心機太深嗎？還是因為你根本就忽略了言詞上尊重的距離呢？

試想，如果對方不是能與你互相瞭解的知己，話說得太多，反而更容易造成彼此的誤會與困擾啊！

而且，如果你一味地只顧著表達自己的想法，對方很快會失去了對你的神秘感，因為太容易瞭解你而感到厭煩，甚至以為你根本沒有什麼潛力可以挖掘，而失去了深入交往的興趣。

或者，當你毫無心防，大剌剌地把心事跟對方傾訴時，對方卻因此產生戒心，擔心你們今天的話題，明天就會成為流傳在別人之間的耳語，朋友之間如果沒辦法守住秘密，關係也很難維繫長久。

所以，說話的藝術不但是要會說，還得要善於掌握應有的尺度；除了說話要小心分寸之外，傾聽時也要專心。

多數人遇到鬱悶的事情，總會想尋找朋友傾吐苦水，發洩一下。此時，我們如果能夠善於傾聽，以安靜、理智且流露同情的態度，讓對方感到你也正在為他的事情煩惱，感覺你對他的關心和重視，無形之中就會讓彼此的感情愈來愈深厚。

古人有云：「聽人言毋須評審，亦勿恍惚而思別事。」

傾聽的關鍵在於專心，有時候也不一定要急著幫人出主意、提建議，只需安靜的傾聽就好，如此更能讓你的朋友願意與你接近。

罵人不必用髒話

富蘭克林曾說：「當你對一個人說話的時候，看著他的眼睛；當他對你說話的時候，看著他的嘴巴。」

如何讓自己的「語言」動聽？

與人談話的時候，臉上最好帶一抹微笑，因為微笑是人與人之間溝通的橋樑。萬一真的笑不出來，只要以誠摯的態度交談就行。

平時，我們與人交談、交往的時候，大都希望自己能在對方心目中留下一個良好的印象，因此，莫不講究語言方面的技巧和修辭。

語言的技巧，著重在「巧」字上。掌握了一定的語言技巧，對於日常的交際活動肯定大有助益，但是光講究技巧，本身卻欠缺美感就會充滿匠氣，反而俗不可耐。

要使對方與你交談之後心情舒暢愉快，除了注意舌頭的說話技巧外，還得從兩個方面考慮，第一是要給人優雅的視覺形象，第二是要給人悅耳的聽覺形象。

俗話說：「佛要金裝，人要衣裝」，說明了得體的打扮能使對方留下賞心悅目的印象。服飾的搭配要與交談的場景、氛圍相和諧，穿著打扮則必須符合本人的年齡、職業和性格。另外，與人交談、接洽事情時，還應該注意交談的姿態，即使是在非正式場合，也不能忽視自己的舉止風度。

請記住，站有站相，坐有坐相，千萬不要表現出一副懶散的模樣。再者，要懂得尊重交談對象，不要在交談時蹺不在乎地翹腳搖腿，或擺出一副好像很了不起的架式，那是一種很沒有修養的表現。

精神面貌也是視覺形象的一個重點。面色灰暗的人應當適度補妝，上了夜班，眼圈發黑的人應該睡一覺以後再與人交談。試想，誰願意和一個無精打采、說話總是哈欠不斷的人交談？

與人談話的時候，臉上最好帶一抹微笑，因為微笑是人與人之間溝通的橋樑。但是，萬一真的笑不出來的時候，也不必費心強裝笑臉，只要以誠摯的態度交談就行。說話的時候，切記不要舉止輕佻、面部表情誇張、說得口沫橫飛，這些醜態都會令人反感，但是，過分的拘謹也沒有必要。

大家都曉得，若要語言動聽，讓聽者產生愉快的感覺，就要把握抑揚頓挫，

注意氣氛，適度把對方當成談話的中心，使對方在心理上獲得一種被尊重或寵愛的感覺。對方明白自己在他人心目中的位置，當然心花怒放。

因此，語言要說得動聽，要使對方感動，應該時時把對方放在談話的主角位置。即使對方出了差錯，你萬不得已必須批評對方之時，也仍然要把對方放在主要位置上，不要牽扯其他人事物。

如此一來，對方會覺得人格受到尊重，即使你沒有嚴厲地批評他，他自己也會深刻地反省，把以後的工作做得更好。

罵人不必用髒話

英國政治家麥考利說：「口才好的人談話，幾乎無不使用一點活潑輕快的詭辯，和一時足以自欺欺人的誇大。」

如何聽出別人在想什麼？

巧妙地分析對方談話的口氣、速度、聲調，探究對方的內心正在想些什麼，這是增進人際關係的要點。

日本作家大久光曾經提出一個有趣的比喻：「協調關係是糖，對立關係是鹽。單單是糖太過甜膩，適度地加點鹽，人際關係才會變得更協調。」

在現代社會中，人際關係就猶如空氣一般，誰也脫離不開這張巨網，但是，光靠廣泛的交際，無法建立良好的人際關係，你必須用心了解誰才是值得你用心交往的對象，然後加糖加鹽，讓彼此的關係更緊密。

和別人交往過程中，其實僅僅從談吐、遣詞用字方面，就可以窺視對方的內心狀況，明瞭自己應該如何應對。

因為，談吐的方式會反映出一個人當時的心理狀態，越是深入交談，愈會暴露出他的原本面目。

因此，談吐方式、遣詞用字，無疑是探知一個人真正性格和心理狀態的重要依據。

當話題進行至核心部分時，說話的速度、口氣，就是我們探知對方深層心理意識的關鍵。

當然，說話的聲調也是不可忽視的要點。

巧妙地分析對方談話的口氣、速度、聲調，探究對方的內心正在想些什麼，這是增進人際關係的要點。

不同身份的人有不同的說話語言。

有的人說話粗俗下流，有人說話謙恭有禮、有條不紊，有的人說話內容豐富真實，當然也有人一派胡言，或內容空洞、不知所云。總之，人說話的時候，就反映出他究竟擁有什麼內涵。

高貴優雅、氣度非凡的人說話溫和流暢，表示他們常用文雅的應酬用語。然而，這類人應分為兩種，一種人是表裡如一，一種是口是心非。

後者很多是外表高尚而內心醜惡的人，他們不願被對方察覺自己極力掩飾著的目的，所以才使用文雅的口氣說話。

相反的，談吐粗俗的人顯得比較單純。

這種類型的人，無論對上司或部下，對同性或異性，都不改談吐方式，喜歡就喜歡到底，討厭也討厭到最底。

此外，在初次見面的情況下，這種人的好惡表現也相當明顯，不是表現得很不耐煩，就是親熱若多年摯友。

除此之外，說話說到傷心處，往往就哭哭啼啼、一把鼻涕一把眼淚的人，說明他的依賴性非常強烈。

這種人儘管平常表現得和藹可親，善於交際奉承，但實際上非常自私、任性，大多屬於不受歡迎的角色。

好掉淚的人有一個屢試不爽的看家本領，就是以半哭半泣聲調，打動別人的惻隱之心，以達到自己的目的。這種模式是一輩子都改不了的。

不聽對方說話，只顧自己滔滔不絕、口沫橫飛的人，則屬於強硬類型，這種人只要在說話的時候，別人肯「嗯、嗯」地靜靜聽他說，就可以得到好感。這種

罵人不必用髒話

赫伯特說：「不要直言無諱說話，說話之前，務必先清除自己腦子裡的那些粗話和不得體的話語。」

人的最大弱點就是自尊太強，經常喜歡搶先別人一步。

有的不善言辭，說起話來支支吾吾，這一類型的人，有時是因為缺乏表現力，無法巧妙地表達自己想要說的話，有時則是個性陰柔、思考深沈、度量狹窄。更有的是欠缺智慧，或者精神上有某種缺陷。

如何用眼睛「聽」別人說話？

若想擁有好的社交關係，就得留意正確的「聽話」方式才行，這對你在他人心目中的形象絕對影響重大。

在交際活動中，有的人一打開話匣子就關不住，滔滔不絕說個不停。這種人自以為風趣幽默、博學多聞，但是，在別人眼中，他或許只是一隻聒噪的烏鴉，或是拾人牙慧的鸚鵡。

像這種極端以自我中心的人最討人嫌惡。這種人喜歡拼命地講自己的碎事，卻不願讓出時間傾聽別人說話，似乎只有他的事才是世界上最重要的。可笑的是，在我們的生活周遭，這種人佔的比例還不少。

人喜歡藉著聊天來表現自己，而且通常懷著強烈的自我意識，非得獲得滿足

才行。那些不善於聽人說話的人，往往忽略了別人也有著同樣的需求，佔奪了大部分的說話時間，當然令人討厭。

倘使你懷疑這種說法，不妨做個小試驗：一看見熟人就不停地講自己的事，看看結果會如何？

別人必定懶得搭理你，隨便找個藉口匆匆逃離現場。

在現實社會中，如果只認爲自己的事才重要，對別人漠不關心，將使人產生厭惡感，遇見你就退避三舍。

此外，你也必須注意，避免聊天時口氣輕浮，那會讓人暗忖：「與這種淺薄的人沒什麼好談的。」

一般而言，老年人會比年輕人嘮叨，女性比男性多話。如果不注意人與人之間存在的溝通差距，最終很容易造成彼此的齟齬。

在聽人說話時，有人常常閉著眼睛，這並不上是良好的聽話態度，應該知道，「話」雖不必用眼睛去聽，但眼睛卻能表明你聽人說話的態度。

有的人面無表情，以呆板的臉孔聽他人講話，這也是不當的聽法。

還有人以輕忽的態度聽話，表現得「已經知道這件事情」、「那件事情沒什

麼特別意義」，或「那是幼稚的」，不願肯定對方的話，這種人肯定不受歡迎。

也有人遇到一些中聽或是重要的話，就悄悄地做起備忘錄來，這種自以為是的形態也惹人嫌。

總之，若想擁有良好的社交關係，就得留意正確的「聽話」方式才行，這對你在他人心目中的形象絕對影響重大。

罵人不必用髒話

英國作家哈茲里特說：「說話口若懸河，或是辯理無懈可擊的人，並非總是思想正確無誤的。」

王照——編著

教你不再上當受騙的
防詐守則

把人看到骨子裡 全集

社會上的詭計到處都是，利用人心弱點所設下的陷阱和騙術，更是五花八門；很多時候，表面上對你越客氣、越有禮貌的人，在骨子裡越可能暗藏著算計你的卑鄙行徑。

罵人不必用髒話全集

作　　者	文彥博
社　　長	陳維都
藝術總監	黃聖文
編輯總監	王　凌
出 版 者	普天出版社
	新北市汐止區忠二街 6 巷 15 號
	TEL / (02) 26435033 (代表號)
	FAX / (02) 26486465
	E-mail：asia.books@msa.hinet.net
	http://www.popu.com.tw/
	郵政劃撥 19091443 陳維都帳戶
總 經 銷	旭昇圖書有限公司
	新北市中和區中山路二段 352 號 2F
	TEL / (02) 22451480 (代表號)
	FAX / (02) 22451479
	E-mail：s1686688@ms31.hinet.net
法律顧問	西華律師事務所・黃憲男律師
電腦排版	亘新電腦排版有限公司
印製裝訂	久裕印刷事業有限公司
出 版 日	2020 (民 109) 年 1 月第 2 版第 1 刷
	2021 (民 110) 年 12 月第 2 版第 8 刷

ISBN◎978-986-389-703-3　　　條碼 9789863897033

Copyright◎2020

Printed in Taiwan, 2020 All Rights Reserved

國家圖書館出版品預行編目資料

罵人不必用髒話全集／

文彥博著.—第 2 版.—：新北市,普天

民 109.01 面；公分. -（溝通智典；02）

ISBN◎978-986-389-703-3（平裝）

普 天 之 下 ‧ 盡 是 好 書

普天 出版家族
Popular Press Family

凌雲 文創
A Plus Creative Company